내 영혼의 치유제

ANSELM GRÜN
DIE SPIRITUELLE HAUSAPOTHEKE
Für alle Fälle

© 2013 by Vier-Türme GmbH, D-97359 Münsterschwarzach Abtei
All rights reserved.

Korean translation rights arranged with Vier-Türme GmbH,
D-97359 Münsterschwarzach Abtei, Germany.

Translated by KIM Yeung-Tschul
Korean translation copyright © 2014 by Benedict Press
Waegwan, Korea.

내 영혼의 치유제

2014년 9월 4일 교회 인가
2014년 9월 18일 초판 1쇄
2019년 8월 25일 초판 4쇄

지은이	안셀름 그륀
옮긴이	김영철
펴낸이	박현동
펴낸곳	성 베네딕도회 왜관수도원 ⓒ 분도출판사
찍은곳	분도인쇄소
등록	1962년 5월 7일 라15호
주소	04606 서울 중구 장충단로 188(분도출판사 편집부)
주소	39889 경북 칠곡군 왜관읍 관문로 61(분도인쇄소)
전화	02-2266-3605(분도출판사) · 054-970-2400(분도인쇄소)
팩스	02-2271-3605(분도출판사) · 054-971-0179(분도인쇄소)
홈페이지	www.bundobook.co.kr

ISBN 978-89-419-1417-4 03230

이 책의 한국어판 저작권은 Vier-Türme GmbH와 독점 계약한 분도출판사에 있습니다.
저작권법에 의해 한국 내에서 보호를 받는 저작물이므로 무단 전재와 무단 복제를 금합니다.

나쁜 생각이 들 때 꺼내 보는 책
내 영혼의 치유제

안셀름 그륀 지음 김영철 옮김

분도출판사

차례

들어가며　7

"당신이 어떤 음식을 먹는지 말해 주면
당신이 어떤 사람인지 가르쳐 주지."
탐식 • 13

"조건 없이 주고받는 사랑이 아니라면
그건 사랑이 아니라 거래다."
음욕 • 31

"가난한 사람이란 적게 가진 사람이 아니라
많은 걸 원하는 사람이다."
탐욕 • 49

"까닭 없이 슬프다는 사실이 바로 슬퍼해야 할 이유다."
슬픔 • 67

"우리가 화를 내는 순간 상대방은 목적을 달성했다.
우리는 이미 그의 손아귀에 들어 있다."
분노 • 85

"나태는 우리를 고통 속에 묶어 둔다."
아케디아 • 103

"분별력과 판단력이 떨어질수록 허영심은 더 커진다."
헛된 영광 • 121

"교만은 공허한 마음의 방어막이다."
교만 • 139

옮기고 나서 157

【일러두기】

1. 번역 대본은 Anselm Grün, *Die spirituelle Hausapotheke*, Vier-Türme-Verlag 2013이다.
2. 에바그리우스의 원문과 성경 인용문은 Evagrio Pontico, *Contro i pensieri malvagi – Antirrhetikos,* Edizioni Qiqajon 2005를 번역한 『안티레티코스』(허성석 옮김, 분도출판사 2014)에서 취했다.
3. 성경 인용문은 히브리어에서 번역한 『성경』(한국 천주교 주교회의 2005)에 따르는 것을 원칙으로 삼았다.
4. 내용과 표현에서 우리말 『성경』과 다른 부분은 에바그리우스가 사용한 칠십인역(LXX) 그리스어 성경에 따라 번역한 것이다.
5. 교부 시대 인명·지명은 『교부학 인명·지명 용례집』(하성수 엮음, 분도출판사 2008)을 따랐다. 다만, '폰투스의 에바그리우스'는 '에바그리우스 폰티쿠스'로 표기했다.
6. 각주는 전부 옮긴이가 달았다.

들어가며

옛 수도승들은 제 속내를 꼼꼼히 들여다보곤 했습니다. 그랬더니, 제아무리 영성으로 흘러넘치고 영적 체험이 풍부해도 마음 깊은 곳에는 불경한 사념邪念이 똬리를 틀고 있었습니다. 이름하여 탐식과 음욕(성적 환상)과 탐욕(물욕)이라는 세 가지 근원적 욕망이었습니다. 더하여, 슬픔과 분노와 아케디아(영적 태만 혹은 영적 무기력)라는 세 가지 감정과, 헛된 영광(명예욕)과 교만이라는 두 가지 영적 악덕도 있었습니다. 눈여겨보건대, 지금 우리 마음속에도 비슷한 사념들이 무시로 피어오르고 있음을 알고 있습니다.

●

오늘날, 수도승들은 오롯이 거룩한 생각만 하며 살아야 한다고 자신을 닦달하지 않습니다. 제아무리 영적으로 피나는 노력을 해도 이런 사념들이 엄습한다는 걸 살짝 유쾌하게 받아들일 따름이지요. 그러고는 이런 사념들에 맞세울 만한 성경 말씀 하나를 붙잡습니다. 성경 말씀을 고를 때도 대개는 유머를 잃는 법이 없습니다. 잡다한 논증

일랑 내려놓은 채, 우리가 하는 말들의 참뜻을 밝히고 변화시키는, 그런 한마디 말씀으로 맞설 뿐입니다. 이 성경 말씀이 우리 영혼 안에 이미 깃들어 있는 다른 한쪽 극단과 만나게 해 줍니다. 우리 안에는 늘 두 극단이 있습니다. 이를테면 불안과 신뢰, 사랑과 공격성, 규율과 혼란, 경건과 불경, 성과 속, 이런 것들이지요. 불경한 것이 고개를 치켜들 때도 성경 말씀으로 그 나쁜 생각들을 물리친다면, 우리는 신뢰와 사랑과 능력과 거룩함을 체험하게 됩니다. 이것은 애초부터 우리 안에 깃들어 있었거든요.

●

에바그리우스 폰티쿠스(345~399)는 초기 수도승들 가운데 '심리학자'로 통합니다. 그가 『안티레티코스』에서 구사하는 '반론법'은 주로 미국에서 유행하는 '좋은 생각의 위력'[이라는 방법]과 구별되어야 합니다. '좋은 생각의 위력'은 온갖 나쁜 생각을 우리 마음에서 억지로 솎아 내고 좋은 생각으로 대치하려 하지요. 그러다 보면 만사를 늘 좋은 쪽으로만 봐야 한다는 강박이 생기는데, 이건 현실과 맞지 않습니다. 좋은 생각을 지니고서도 허물어지는 사람이 얼마나 많은데요. 그러면 또 내 안에서 부정적 극단이 소리소리 지릅니다. 우울증은 대개 그렇게 오지요.

수도승들이 좀 더 현실적이고 인간적입니다. 그들은 나쁜 생각이 든다는 것도 계산에 넣곤 한답니다. 사념이 떠오르면 떠오르는 대로 내버려 둡니다. 하지만 그럴 때마다 성경에서 한 구절을 뽑아 들고 나쁜 생각들에게 호통치는 거지요. 성경 구절들은 하느님 말씀의 치유하는 능력을 가지고 삿된 생각들의 위세에 맞섭니다. 말하자면 영혼을 두 부분으로 나누는 것이라, 에바그리우스는 그리 여기는 것이지요. 시편 저자도 말합니다. "내 영혼아, 어찌하여 녹아내리며 내 안에서 신음하느냐? 하느님께 바라라. 나 그분을 다시 찬송하게 되리라, 나의 구원"(시편 42,6). 우리는 슬픈 영혼의 신음 소리를 듣다가도, 이내 화해의 손을 내밀곤 합니다. 우리는 우리 안에 미덥고 강건한 면이 있다는 것도 압니다. 성경 말씀은 바로 이것을 경험하게 해 줍니다.

에바그리우스는 누구도 아닌 예수 그리스도께 기댑니다. 악마는 예수님을 말로 부추기며, 당신의 권세와 영광을 세상 사람들에게 드러내 보라고 유혹했습니다. 악마가 뱉은 말은 성경의 참뜻을 비틀고 구기는 것이었습니다. 예수님은 성경에서 뽑은 말씀 한마디로 악마의 못된 말에 맞섰는데, 그 한마디에 악마가 나가떨어지고 말았던 겁니다. 예수님은 유혹을 빤히 꿰뚫고 있었습니다. 우리에게도 이런 유혹이 끊임없이 들이닥친다는 걸 늘 마음에 두고 교만하지 말아야 합니다. 또, 영성으로 보나 좋은 생각을 하는 능력으로 보나, 어떤 유형의 나쁜 생각도 우리에게 더는 문제가 되지 않는다고 여겨야 합니다.

●

나는 수도승들이 현실적이면서 인간적이라 했습니다. 좀처럼 지나친 요구를 하는 법이 없지요. 우리 안에 망측한 생각이 떠오른다는 것도 알고 있습니다. 민망하여 들키기 부끄러운 생각일 때도 더러 있더군요. 어쩌겠습니까, 그런 걸. 이 고약한 생각들과 대면하는 데는 겸손과 유머가 필요합니다. 차라리 우리의 심리적·영적 성장과 경험에 관해서만 얘기하면 좋겠다는 생각이 들 때도 있습니다. 그렇다고 우리가 나쁜 생각에만 사로잡혀 있는 건 아닙니다. 성경 속에서 하느님은, 우리의 혼란스러운 생각들을 치유하는 데 딱 들어맞는 말씀으로 처방전을 써 주십니다. 생각이 혼란해질 때마다 말씀들을 묵상하고 또 묵상하노라면, 나쁜 생각도 시나브로 변하게 되지요.

에바그리우스가 해로운 것이라고 일일이 예로 드는 생각들이 우리의 경험이나 말과 늘 맞아떨어지는 것은 아닙니다. 그것들이 우리 삶 속으로 적절히 번역되어 들어와야겠지요. 그래야 우리 생각들이 에바그리우스가 예시하는 생각들과 크게 다르지 않음을 알 수 있으니까요. 이 책에서는 에바그리우스의 말을 지금 우리가 쓰는 말로 한번 옮겨 보려 합니다. 그러면 '반론법'이라는 저 옛 방법이 오늘날에도 생생히 통한다는 것을 깨닫게 될 것입니다.

그대의 생각이나 느낌을 다루어야 할 일이 생길 때마다 이 '치유제'가 좋은 동반자가 되면 좋겠습니다. 이런저런 나쁜 생각이 든다고 자신을 단죄하지도 말고, 그 생각을 평가하려 들지도 마세요. 그저, 의연함과 유머와 신뢰를 간직한 채 에바그리우스가 권하는 말씀들을 가지고 그 생각에 맞서면 그만입니다. 그러면 점차 그대의 생각뿐 아니라 느낌과 자기인식까지도 바뀌어 가는 것을 경험하게 되지요. 자, 이제 가벼운 마음으로 실천에 옮겨 볼까요?

2012년 가을, 뮌스터슈바르작 수도원에서, 안셀름 그륀 신부

"당신이 어떤 음식을 먹는지
말해 주면
당신이 어떤 사람인지
가르쳐 주지."

루드비히 포이어바흐

●

탐식

출출한 오후에는 초코바가 생각난다.

『안티레티코스』 I, 7
제9시에* 나에게 식사하도록 강요하는 탐식의 생각에 맞서:

내가 만일 해가 떨어지기 전에 빵이나 그 밖의 어떤 것이라도 맛본다면, 하느님께서 나에게 벌을 내리시고 또 내리실 것이다.
2사무 3,35

---

* 원어는 *btsha' sh'in*. '제9시에'는 프랑켄베르크(Frankenberg)의 번역이다. 이탈리아어 역본은 밍가나(Mingana)를 따라 *btsha' sh'in*을 '제6시에'로 옮겼으나 여기서는 독일어 역본에 따라 '제9시에'를 살렸다. 게다가 "실제 수도승들은 보통 제9시에 하루 한 번 식사했다". 참조: 에바그리우스 폰티쿠스 『안티레티코스』(*Antirrhetikos*) 허성석 옮김, 분도출판사 2014, 주 253.

오후쯤 되면 출출해지지 않습니까? 그럼 어떻게든 입을 달래야지요. 초코바에 손이 갑니다. 없으면, 당장 눈에 띄는 것 아무거나 …. 일이 잘 안 될 때도 달달한 게 당기지 않나요? 격무에 시달릴 때는 좀 먹어 줘도 된다고 생각하지요. 체중계에 올라섰을 때 짜증이 스멀스멀 올라오거든, 잦은 주전부리 탓이라 여기십시오. 해 떨어지기 전까지는 아무것도 입에 대지 않으리라, 이렇게 딱 부러지게 마음먹으면 도움이 될지도 모릅니다. 시간을 확실히 정해 놓고 먹읍시다. 안 그러면 먹는 걸로 우리의 무기력함을 벌충하려 할 테니까요.

텅 빈 냉장고

『안티레티코스』 I,8
빵과 기름, 그리고 우리에게 필요한 물품이 부족하다고 나를 걱정시키는 생각에 맞서:

주님께서 이렇게 말씀하신다. "이 주님이 땅에 비를 다시 내리는 날까지, 밀가루 단지는 비지 않고 기름병은 마르지 않을 것이다."
1열왕 17,14

어떤 주부는 장 보러 갈 때마다 너무 많이 사 와서 탈입니다. 냉장고 안에 꼭 있어야 할 게 떨어질까 불안한 거지요. 하늘이 두 쪽 나도 있어야 할 건 있어야 한답니다. 상해서 버리거나 못 먹게 될 것이 태반인 줄 알면서 그러고 있습니다. 장 보러 갈 때마다 이번에는 조금만 사야지, 하는데 그게 어디 맘대로 된답니까?

바로 이럴 때 에바그리우스의 방법이 쓸 만합니다. 예언자 엘리야가 사렙타의 과부에게 전한 하느님의 말씀을 떠올려 봅시다. 과부는 자기 찬장에 밀가루와 기름이 떨어질까 봐 늘 불안합니다. 하지만 아주머니, 굶지 않을 만큼은 늘 있을 테니까 냉장고 꼭대기부터 바닥까지 꽉꽉 안 채우셔도 돼요.

자꾸 감자칩에 손이 가요.

『안티레티코스』 I, 14
'그렇게 힘들게 살지 말고 단식과 부단한 노고로 네 연약한 육체를 괴롭히지 말라'고 부추기는 생각에 맞서:

그는 영원히 수고하며 끝까지 살리라. 지혜로운 자들이 죽는 것을 보지만 그 파멸을 보지 못할 것이기 때문이다.
시편 49, 10-11

감자칩에 자꾸 손이 가는 이유야 충분합니다. 자신을 모질고 야박하게 다루고 싶지 않거든요. 뭐가 됐든 조금은 허락해 주고 싶습니다. 안 그래도 팍팍한 인생살이 아닙니까. 듣고 보니 그럴싸한 이유들이네요. 하지만 욕구가 일어날 때마다 바로바로 달래 줘야 한다니 딱한 노릇입니다. 밤낮 '꿈의 몸무게'를 따라잡으려는 일도 금세 짜증 날 텐데, 이럴 때 에바그리우스가 권하는 말씀을 되뇌어 보세요. 음식과 건강한 관계를 맺을 수 있는 힘을 우리 안에 불러일으켜 줄 겁니다.

냉장고는 다 찼는데

『안티레티코스』 I,16
음식과 음료를 걱정하고 그것들을 조달하는 방법을 고민하게 하는 생각에 맞서:

네 근심을 주님께 맡겨라. 그분께서 너를 붙들어 주시리라.
시편 55,23

어떤 주부가 일에 치여 장 보러 가는 걸 깜빡했습니다. 빵도 물도 없이 주말을 보내고는, 두 번 다시 이런 일을 겪지 않으리라 다짐했지요. 그래서 지금은 자나 깨나 먹거리를 사재기할 생각만 하고 있습니다.

이 지나친 염려를 어찌해야 좋을지, 에바그리우스도 별 신통한 묘안을 내지 못합니다. "네 근심을 주님께 맡겨라. 그분께서 너를 붙들어 주시리라."

물론 시편 작가가 내 문제를 해결해 주지는 않습니다. 그러나 에바그리우스는 이 성경 말씀이 내 영혼에 모종의 울림을 낳으리라는 걸 믿습니다. 에바그리우스가 눈을 찡끗하며 내게 이 말씀을 전해 준다고 상상해 보세요. 공연히 전의를 불태워 가며 내 문제를 해결하려 들 것까진 없습니다. 유머를 잃지 말고, 이 말씀으로 내 소심한 불안에 맞서기만 해도 내가 바뀝니다.

뭐? 오늘은 빵밖에 없다고?
이거 먹고 되겠어?

『안티레티코스』 I, 24
빈약한 음식과 마른 빵에 슬퍼하는 생각에 맞서:

편안하게 먹는 마른 빵 한 조각이 불화 섞인 잔치 음식으로 가득한 집보다 낫다.
잠언 17, 1

맛난 걸 푸짐하게 먹고 싶습니다. 왠지 빵만으로는 허전하네요. 맨빵이라도 마음을 집중하여 음미해 보세요. 빵만의 향미를 느끼게 될 겁니다. 깨인 의식으로 꼭꼭 씹어 먹다 보면 거친 빵도 제법 담백하고 고소한 것이, 나름 즐길 만하답니다. 뭐, 에바그리우스가 그리 권한 건 아닙니다. 그저 잠언 한 구절을 전해 줄 뿐 ─ "편안하게 먹는 마른 빵 한 조각이 불화 섞인 잔치 음식으로 가득한 집보다 낫다." 이를테면, 음식을 대하는 마음가짐이지요. 산해진미를 먹은들 마음이 편치 않으면 무슨 맛이 나겠습니까.

어느 대기업 사원이 들려준 얘긴데요, 성탄을 맞아 부장님이 부서 회식을 한답시고 직원들을 고급 음식점에 데리고 가더니 제 자랑만 끝없이 늘어놓더라는 겁니다. 이런 분위기에서 파티를 즐기고 싶은 사람이 어딨겠습니까, 마음이 떠나면 밥맛도 떨어지는데.

아 글쎄, '굶는 다이어트' 아무렇지도 않다니까! 난 도무지 배고픈 거 모르고 살아!

『안티레티코스』 I,37
허리에 많은 옷을 두르고, 사막으로 나아가 노천에 항구히 서서 삶의 규칙을 필요 이상으로 가혹하게 따르도록 우리를 설득하며, 게다가 우리가 통교할 수 있는 사람들의 시선을 피하라고 우리에게 권고하는 헛된 생각에 맞서:

너는 너무 의롭게 되지 말고 지나치게 지혜로이 행동하지 마라. 어찌하여 너는 너 자신을 파멸시키려 하느냐?
코헬 7,16

다이어트 중독자들은 어떻게든 안 먹으려 하다가 그렇게 되었습니다. 그들은 먹는 걸 맘대로 조절할 줄 아는 것에 자부심을 느낍니다. 그러다 급기야 자제력을 잃고 말지요. 먹을 줄도 모르고 먹는 즐거움도 모릅니다. 병입니다. 금욕을 터무니없이 자랑 마십시오. 삶을 버릴 작정입니까? 금욕으로 요란 떨고, 명분 앞세우고, 용감히 다 내려놓는 영웅놀이는 끔찍한 일입니다. 살아도 사는 맛을 모르고 사는 까닭이지요.

지하철 역의 동냥꾼

『안티레티코스』 I, 49
우리와 가난한 이들을 위한 물자가 부족하다는 이유로 양식과 의복을 궁핍한 이들과 나누지 않으려는 생각에 맞서 — 그 생각은 틀림없이 우리 앞에 있는 사람보다 더 약하고 궁핍한 다른 사람이 있는데, 수고하지 않고 먹고 입으려 하는 게으른 이 사람이 아니라 그에게 주는 것이 합당하다고 우리에게 제안한다:

옷을 두 벌 가진 사람은 못 가진 이에게 나누어 주어라. 먹을 것을 가진 사람도 그렇게 하여라.
루카 3, 11

물론 지하철 역의 동냥꾼이 '거지 조직'의 일원일 수도 있습니다. 그가 우리를 등쳐 먹으려 하는지도 모를 일이지요. 그러나 에바그리우스는 이런 생각에 반대합니다. 다만, 가진 것을 나누어 주라는 예수님의 말씀만 상기시킬 뿐입니다. 그 사람이 과연 도움 받을 가치가 있는지, 받은 도움을 제대로 활용하는지, 그런 건 에바그리우스의 관심사가 아닙니다.

일주일에 고작 네 끼?

『안티레티코스』 I,63
우리가 우리 손으로 일하지 못하게 하고 필요한 것을 다른 이들에게 받을 것을 기대하도록 우리를 유혹하는 생각에 맞서:

형제 여러분, 여러분에게 권고합니다. 더욱더 그렇게 하고, 우리가 여러분에게 지시한 대로, 조용히 살도록 힘쓰며 자기 일에 전념하고 자기 손으로 제 일을 하십시오. 그러면 바깥 사람들에게 품위 있게 처신할 수 있고 아무에게도 신세를 지는 일이 없을 것입니다.

1테살 4,10-12

초기 수도승들은 지독한 금욕을 실천했습니다. 일하지 않아도, 기도만 하면 족하다 여기는 이도 더러는 있었습니다. 하느님이 다 먹여 살려 주신다는 게지요. 에바그리우스는 초기 그리스도인들에게 일하기를 권고한 바오로 사도의 말을 상기시킵니다. 그 시절, 열심한 신자들은 일 따위에 신경 쓰지 않았지요. 요즘도 노동을 우습게 보는 사람들이 있습니다. 이들은 신심을 제일로 칩니다. 신심이라는 미명하에 자기도취에 빠져 있음을 깨닫지 못하며, 개인의 신심만 챙길 뿐 일에 몰두하려 들지도 않습니다. 노동은 하느님과 저들을 떼어 놓고, 일을 하면 돈을 지나치게 많이 벌 수 있어서 위험하다고 합니다. 그래서 일손을 놓습니다. 물론 돈은 필요하지만, 돈이야 많이 가진 자들에게서 취하는 게 당연하다 여깁니다. 정결한 손, 간직하면 좋지요. 그러나 일하느라 손 더러워진 사람들한테서 돈 얻어 쓴다는 걸 저들은 알기나 하는 걸까요?

"조건 없이 주고받는
사랑이 아니라면
그건
사랑이 아니라 거래다."

엠마 골드만

●

음욕

딱 한 가지만 생각할 수 있다면

『안티레티코스』 2,8
밤낮으로 음욕에 괴로워하면서 이를 극복할 희망을 저버리는 영혼에게:

'이 민족들이 우리보다 수가 많은데, 우리가 어떻게 그들을 내쫓을 수 있겠는가?' 하는 생각이 들더라도, 너희는 그들을 두려워하지 말고, 주 너희 하느님께서 파라오와 온 이집트에 하신 일을 똑똑히 기억하여라.
신명 7,17-18

독신생활을 하는 수도승들에게 음욕은 큰 문제였습니다. 사막의 독방에서 그들은 자주 성적 환상에 시달리곤 했답니다. 음욕의 유혹을 피해 사막으로 간 건데 말이죠. 그들은 성욕이란 것이 마음먹는다고 떨쳐 버릴 수 있는 문제가 아님을 깨달았습니다. 많은 수도승이 성과 조화를 이루려는 투쟁에서 맥없이 주저앉고 말았습니다. 그들은 싸우기를 포기하고 도시로 나와 마음껏 성을 향유했습니다.

이 낙담한 이들에게 에바그리우스는 하느님께서 이집트인들을 바다에 수장하신 사실을 유념하라 이릅니다. 하느님은 수도승들의 성 문제에도 변화를 일으키실 수 있습니다.

먹는 걸로 위안이 된다면

『안티레티코스』 2,10
음욕의 영이 그들을 조롱하며 잠시 휴식을 허용하자마자 음식에 관대해지고, 이로써 자기절제의 절정에 이르렀다고 판단하는 생각에 맞서:

우리가 오늘 여기에서는 저마다 제 눈에 옳게 보이는 것을 다 하고 있지만, 너희는 앞으로 그렇게 해서는 안 된다. 그렇게 하는 것은 너희가 아직은 주 너희 하느님께서 너희에게 주시는 안식처와 상속지에 들어가지 않았기 때문이다.
신명 12,8-9

우리는 흔히 하나의 욕망을 다른 하나의 욕망으로 대치하곤 합니다. 이른바 성적 욕망을 극복했다는 사람들은 푸짐하게 먹어 대는 걸로 이를 벌충하지요. 어느 부인이 비만한 수도승을 보고는 이렇게 말했습니다. "하기야, 먹는 것 말고는 허락된 게 없잖아." 성욕을 억누를 수만 있다면 먹기라도 잘 먹는 게 차라리 낫다고 생각한 게지요.

그러나 틀렸습니다. 수도승들은 과식이 오히려 성욕을 자극한다고 경고합니다. 수도승이란 온전한 평정에 이른 사람이 아니라, 하느님 안에서 매 순간 평정을 구하고 있는 사람임을 늘 잊지 맙시다. 그 길이 끝나지 않는 한, 유혹에 시달릴 수밖에 없습니다. 어디 수도승뿐이겠습니까, 사람이 다 그렇지요.

음란한 생각이 들 때

『안티레티코스』 2, 22
분노는 불로 이루어져 있는 반면 불순한 생각은 물에서 유래하기 때문에 분노의 힘이 음욕의 생각에 반대된다는 것을 모르는 영혼에게:

너희는 무서워 떨어라. 죄짓지 마라. 잠자리에서도 마음속으로 생각하며 잠잠하여라.
시편 4, 5

수도승들에게 열정은 나쁜 것이 아닙니다. 활동하고, 기운차게 살고, 하느님과 인간을 열렬히 사랑하는 힘이 바로 열정에서 나옵니다. 수도승들은 분노의 열정을 음욕을 다스리는 에너지로 씁니다. 아무리 영성으로 충만해도 끊임없이 성이라는 문제와 맞서야 하는 현실 앞에서, 수도승들은 화가 납니다. 그래서 분노를 성적 유혹에다 대고 터뜨리는 것입니다. 열정은 수도승들이 성욕과 맞서 싸울 때 쓰는 무기입니다. 그들은 이를 재미있는 비유로 설명합니다. 분노는 불에서 나오고 음욕은 물에서 나오는데, 불이 물을 다 말려 버린다는 거지요.

맞아요, 유부남.
근데 이 남자를 차마 거부할 수 없어요!

『안티레티코스』 2,23
우리 안에 남아 있어서, 종종 억지로 우리 안에 음란한 형상을 새기며 부적절한 사지의 정욕을 통해 정신을 옭아매는 불순한 생각에 맞서:

내게서 모두 물러들 가라, 나쁜 짓 하는 자들아. 주님께서 나의 울음소리를 듣고 계신다. 주님께서 나의 간청을 들어주시고 주님께서 나의 기도를 받아들이신다.
시편 6,9-10

음욕의 생각은 인간에게 속수무책의 절대 강적으로 다가옵니다. 이 유혹에 대적할 성경 말씀은 생각의 원인을 분석하지 않습니다. 하느님께서 도와주시리라는 믿음으로 음욕의 생각을 이겨 낼 뿐입니다. 하느님이 함께하심으로 수도승은 정욕에 쉽사리 무너지지 않고 정욕의 지배를 부숴 버릴 힘을 얻습니다. 욕망은 없앨 수 있는 것이 아닙니다. 다만 욕망과의 싸움을 시작함으로써 긍정적인 에너지가 통합되는 것이지요. 그 싸움은 보다 강력한 동기를 유발하기 위한 몸부림입니다. 현존하시는 하느님께 매달림으로써 수도승은 하느님을 자기 행위의 본질적 동기로 정하고, 욕정의 지배를 받을 때에도 현실에 합당하게 행동합니다.

어차피 거역할 수 없는데
맞서 싸운들 뭐해요?

『안티레티코스』 2,33
정결을 잃고 난 후 사람들 앞에서 당하게 될 수치를 예고하는 생각에 맞서:

시온을 미워하는 자들은 모두 부끄러워하며 뒤로 물러가리라. 그들은 지붕 위의 풀처럼 되리라. 뽑기도 전에 시들어 버리고.
시편 129,5-6

외간 남자와 사랑에 빠진 여인이 있었습니다. 느낌이 너무 뜨겁고 짜릿하여 도저히 밀어낼 수 없었지요. 이 사랑을 거부하는 것은 본성을 거역하는 것이라는 생각이 들었습니다. 이 사랑이 하느님의 선물인가도 싶었습니다.

여기서 에바그리우스는 성경 말씀으로 그녀의 공격성을 일깨웁니다. 그녀는 연애 감정과 그 남자의 성적 매력에 더는 사로잡히지 않습니다. 이제 그것과 맞서 싸울 수 있습니다. 자신의 성적 환상을 직시합니다. 그 강렬함을 인정하면서도 "물러가라!"고 힘차게 저항합니다. 이제는 시온에 머물고 싶어집니다. 자신과 자신의 본남편이 제집이라 여기는 그곳에 살고 싶어지는 거지요. 하여, 자신을 집 밖으로 끌어내려는 온갖 유혹의 힘을 물리칩니다. 그러면 유혹이 그녀 안에서 더는 번지지 않고 풀처럼 시들어 버리겠지요.

괜찮아, 우린 그냥 친구잖아.
남편이랑도 진작 시들해졌다면서 …

『안티레티코스』 2,35
어떤 기혼 여성이 우리를 여러 번 방문함으로써 영적 유익을 얻을 수 있다는 이유로 그녀와의 대화를 오래 끌도록 우리를 부추기는 생각에 맞서:

다른 사람의 아내와 너무 오래 대화하지 마라.
잠언 5,20

이 수도승은 자기가 여인의 인생 여정을 견고케 하고 영적으로 도움을 준다고 생각합니다. 유부남이 유부녀의 삶에 끼어드는 이유도 더러는 이와 다르지 않습니다. 남자들은 이렇게 생각합니다. 그녀의 결혼생활은 행복하지 않아, 난 그저 그녀를 위로할 뿐이야, 그녀가 사랑스럽고 매력적이라는 느낌을 갖게 해 주지, 근데 뭐가 잘못이라는 거야.

에바그리우스는 이런 변명에 아무 대꾸도 하지 않습니다. 그저 잠언 한 구절로 맞설 뿐입니다. "다른 사람의 아내와 너무 오래 대화하지 마라."

자신을 속이지 마십시오. 그녀를 도우려는 마음 뒤에는 그녀와 친해지고 싶고 연애하고 싶은 욕망이 무의식 중에 도사리고 있는 것 아닙니까!

성경은 죄인과 용서로 점철되어 있지.
하지만 나는 선한 공동체 안에 사니까
양심의 가책에 시달릴 일 따위는 없어!

『안티레티코스』 2,50
성경과 성경에서 다루어진 주제들로부터 구실을 찾아내는 음욕의 악령 앞에서 주님께:

의로운 이를 시험하시고 마음과 속을 꿰뚫어 보시는 만군의 주님, 당신께 제 송사를 맡겨 드렸으니 당신께서 저들에게 복수하시는 것을 보게 해 주소서.
예레 20,12

성 문제에 관한 한, 남자와 여자를 대하는 우리의 태도를 정당화하는 성경 말씀을 우리는 충분히 잘 알고 있습니다. 그래서 이웃 사랑을 실천하고, 사랑하는 사람에게 소중한 것을 내어 주며, 주님의 자비로우심을 본받아 우리 자신도 너무 엄하게 다루지 않지요.

우리가 이렇게 스스로를 정당화하려 들 때 에바그리우스는, 주님께서 우리의 마음과 속을 꿰뚫어 보신다는 예언자 예레미야의 말씀으로 맞섭니다. 스스로 정당화하려 들지 말고, 있는 그대로를 주님께 맡겨 드려 주님께서 우리를 평가하시게 해야 합니다. 스스로를 정당화할 것이 아니라, 주님께서 우리의 옳고 그름을 평가하시어 우리의 본성과 남들의 본성에 가장 적합한 쪽으로 방향 잡아 주실 일입니다.

왜 나한테만 늘 이런 일이!

『안티레티코스』 2,64
고뇌와 근심으로 넘어져 홀로 심하게 유혹당하고 있다고
여기는 자의 생각에 맞서:

정신을 차리고 깨어 있도록 하십시오. 여러분의 적대자 악마가 으르렁거리는 사자처럼 누구를 삼킬까 하고 찾아 돌아다닙니다. 여러분은 믿음을 굳건히 하여 악마에게 대항하십시오. 여러분도 알다시피, 온 세상에 퍼져 있는 여러분의 형제들도 같은 고난을 당하고 있습니다.
1베드 5,8-9

우리는 잘못된 행동을 하고 나서 꼭 이유를 댑니다. 그저 '이번 한 번만'이라는 유혹이 너무 강해서 그랬다는 것도 이유라면 이유겠지요. 성적 욕구가 정말 그럴 수 있습니다. 어쩔 도리가 없잖아요. 이건 우리가 살아온 삶과도 관련이 있습니다. 어린 시절 우리의 욕구는 제대로 채워진 적이 없었습니다.

그러나 에바그리우스는 이런 생각으로 시간을 허비하지 않아요. 그는 우리에게 정신을 차리고 깨어 있으라 촉구합니다. 그런 모든 생각 안에는 악마가 들어앉아 우리를 독점하기 위해 슬슬 배회하고 있기 때문이지요.

"가난한 사람이란
적게 가진 사람이 아니라
많은 걸 원하는 사람이다."

세네카

●

탐욕

**저 사람, 저런 식으로 처신해서는 안 돼.
언젠가는 나한테도 저럴 수 있다니까!**

『안티레티코스』 3,8
자기 형제에게 능력을 벗어난 손노동을 강요하는 생각에 맞서:

아무도 중노동으로 자기 형제를 괴롭혀서는 안 된다.
칠십인역 성경: 레위 25,46

회사에서 직원들에게 종종 지나친 요구를 하지는 않습니까? 매년 성과를 올리라 독촉하고, 각종 지표를 끝없이 상향 조정합니다. 그러지 않으면 경쟁에서 살아남지 못할 거라면서요. 그러나 실은 자기 연봉을 올리기 위해 직원들을 부려 먹는 경우가 드물지 않습니다.

이런 풍조에 맞서 에바그리우스는 우리 형제자매들을 혹사시키지 말라는 레위기의 경고를 인용합니다. 이 말씀은 늘 더 큰 이윤을 추구하는 우리의 탐욕을 향해 외치면서 우리가 남들의 고혈을 빨아먹고 살지 못하게 막아 줍니다.

도대체 내가 은행이냐고!

『안티레티코스』 3,9
우리에게 돈을 빌려 달라고 부탁하는 가난한 형제의 청을 거절하려는 생각에 맞서:

너희 동족 가운데 가난한 이가 있거든, 가난한 그 동족에게 매정한 마음을 품거나 인색하게 굴어서는 안 된다. 오히려 너희 손을 활짝 펴서, 그가 필요한 만큼 넉넉히 꾸어 주어야 한다.
신명 15,7-8

이 성경 말씀은 악령의 꼬드김과 완전히 상반된 것을 우리에게 요구하고 있습니다. 악령이 불어넣는 생각들이 꽤나 합리적으로 보이나요? 남에게 베풀지 못할 이유야 늘 있기 마련이지요 — 그자가 사기를 치는 것일지도 몰라, 우리가 가난해져 버리면 어떡해, 등등. 그가 필요한 만큼 넉넉히 주라는 성경의 권고는 이런 생각들에 정면으로 맞서는 것입니다. 이를 주님의 명령으로 알아들으십시오. 주님의 명령은 악령이 내세우는 핑계거리들보다 더 힘이 셉니다. 주님의 말씀을 거듭 되뇌다 보면 행동도 점점 말씀을 따라가게 되어 있습니다.

물려받을 것이 없을 때

『안티레티코스』 3,17
선조들이 우리를 저버렸고 또 우리 요구를 충족시킬 금을 우리에게 보내지 않을 것이라 하면서 스스로를 책망하는 생각에 맞서:

내 아버지와 어머니가 나를 버릴지라도 주님께서는 나를 받아 주시리라.
시편 27,10

가난한 집 자식이라 친구들이 다 입는 메이커 옷도 못 사 입고 남들 다 가지고 다니는 스마트폰도 장만하지 못했습니다. 그래서 부모가 원망스럽습니다. 나이 들어 생각하니, 부모한테서는 땡전 한 푼 물려받을 엄두도 못 냈고 모든 걸 내가 벌어먹고 살아야 했구나 싶습니다. 남들과 비교하면 늘 손해 보는 느낌이 듭니다.

부모는 정말 가진 것 이상을 줄 수 없었을 뿐이지만, 에바그리우스는 이 판국에 부모를 감싸지 않습니다. 오히려, 그래, 부모가 날 버렸어,라고 확인시킵니다. 그러나 주님께서는 날 받아 주십니다. 가난 때문에 부모를 원망할 것도 없고, 가난해서 부모를 옳다 할 것도 없습니다. 주님께서 우리를 받아 주시리라는 믿음으로 풍덩 뛰어들면 그만입니다. 가난은 우리를 주님께 향하게 합니다. 그래서 가난은 영적 도전입니다.

옆집 대문 앞에 새로 뽑은 차가 떡하니 버티고 서 있을 때

『안티레티코스』 3,18
세상에 있는 우리 형제들이 부유하고 그들의 부로 인해 모두에게 존경받는다는 사실 때문에 우리를 괴롭히는 생각에 맞서:

내 영혼이 주님을 자랑하리니 가난한 이들은 듣고서 기뻐하여라.
시편 34,3

알게 모르게 우리는 남들과 비교하며 삽니다. 옆집 고급 차가 부럽지요. 그 집 주인은 경차 타는 우리보다 더 잘나가나 봅니다. 그 차가 지나가면 눈들이 오래도 따라가더군요. 우리가 지나갈 때는 그냥 쓱 째려보고 말더니 ….

 에바그리우스는 이런 생각과도 대놓고 싸우지 않습니다. 그저 그러려니 하고 말지요. 사실, 세속에서는 부자들이 우리보다 더 큰 명망을 누릴지도 모릅니다. 하지만 세상의 명망은 하찮은 것. 내 영혼은 주님 안에서 갈채를 받습니다. 주님의 갈채가 인간의 갈채보다 내게는 더 소중합니다. 혹시, 너무 뻔한 위로인지요. 이런 말 들으면 처음에는 금방 확신이 서질 않습니다. 속으로는 세상 사람들한테도 인정받고 싶거든요. 그러나 이 말씀을 마음으로 거듭 곱씹다 보면 서서히 생각의 변화가 일어날 것입니다.

버는 돈은 많은데 쓸 시간이 없을 때

『안티레티코스』 3,21
재물을 돌보는 데 몰두하고, [영혼을] 지치게 하는 부의 괴로움을 고려하지 않는 생각에 맞서:

재산이 는다 하여 거기에 마음 두지 마라.
시편 62,11

옆집 부자가 부럽습니다. 그런데 이 부유함이 무엇을 의미하는지 생각해 보신 적 있습니까? 많이 벌려면 그만큼 뼈 빠지게 일해야 합니다. 주말도 없습니다. 삶의 질 같은 건 모릅니다. 더 많이 벌려면 더 많이 일해야 하니까요. 그래도 이 다람쥐 쳇바퀴에서 내려올 줄 모릅니다. 이 나라 저 나라 할 것 없이 부자들 고급 빌라에는 담장마다 철조망을 둘러쳐 놓았더군요. 부유함이 그들을 소외시킵니다. 이런저런 생각 다 접어 두고 남의 부를 부러워하는 우리 자신만 생각해 봅시다.

에바그리우스는 "재산이 는다 하여 거기에 마음 두지 마라"라는 말씀에 의탁합니다. 재산이 늘면 더 행복해지리라 여기시나요? 시편 작가는 아니라는군요. 이 말씀이 우리의 생각을 서서히 누그러뜨리고 상대화하고 차츰 사위게 합니다.

일자리도 찾는 사람이 얻고,
팔자도 저 하기 나름이다.

『안티레티코스』 3,27
탐욕 때문에 좀처럼 동정심으로 나아가지 못하는 영혼에게:

자애와 진실이 너를 떠나지 않도록 하여라. 그것들을 네 목에 묶고 네 마음속에 새겨 두어라. 그러면 네가 하느님과 사람 앞에서 호의와 호평을 받으리라.
잠언 3,3-4

인정사정 볼 줄 모르는 게 다 탐욕 때문입니다. 탐욕은 우리에게서 가슴을 도려내고 자비를 봉쇄합니다. 느낄 가슴이 없으면 가난한 이들을 봐도 냉랭합니다. 가슴을 입 다물게 하려고 우리의 머리는 남의 가난에 대해 숱한 이론을 만들어 냅니다. 다 제 탓이지 뭐, 도대체 일을 안 해, 일을 해야 돈을 벌지, 노력하면 넉넉하게 살 텐데, 등등. 말로만 이러쿵저러쿵 떠드는 건 남을 외면할 때 쓰는 아주 편한 방법이지요.

이론은 남의 삶에 관여하기를 거부합니다. 우리는 자비로 무장하여 무자비에 맞서야 합니다. 우리 가슴의 칠판에 자비라고 써야 합니다. 자비가 우리의 가장 내밀한 계명이 되어야 합니다. 그래서 우리를 가슴에서 멀어지게 하는 온갖 이론으로부터 지켜 주어야 합니다.

나는 일을 해야 돼. 다른 건 할 시간이 없어.

『안티레티코스』 3,29
간절한 소유욕 때문에 밤낮없이 손노동 하도록 닦달하고 성경 연구를 그만두게 하며, 병자 방문과 그들에 대한 봉사를 만류하는 탐욕의 생각에 맞서:

재물은 진노의 날에 소용이 없지만 의로움은 죽음에서 구해 준다.
잠언 11,4

식솔을 굶기지 않으려면 그럴 수밖에 없노라고, 밤낮 일만 하는 아버지들은 변명하지요. 일 많이 해서 넉넉히 벌면, 그때 가족들과 시간을 보낼 거랍니다. 이런 아버지들에게 그 시간은 절대 오지 않습니다. 더 많이 일하라고 스스로를 닦달하니까요. 지금 이 순간을 잡으십시오. 여차하면 늦습니다. 내적 공허를 일로 채우려 한다는 걸, 이 남자들은 알지 못합니다. 고요히 침잠할 시간이 없습니다. 기도나 산책을 하면서 자신과 대면할 기회를 갖지 않습니다. 늘 자신에게서 도망치기 바쁘지요.

진노의 날에 재물은 소용없을 것이라고 에바그리우스는 폭로합니다. 그날은 아마 죽는 날일 것입니다. 옛말에, 수의壽衣에는 주머니가 없다고 했습니다. 뭘 가져가겠습니까. 내가 의로웠는지, 바르게 살았는지, 주님의 무한하신 사랑에 온전히 나를 내맡겼는지, 이것만 가치로울 따름입니다.

이건 내 노후 대책이야.
이게 아니면 늙어서 어찌 살라고!

『안티레티코스』 3,36
욥에게 큰 물질적 버팀목이었던 재물과 재산의 상실을 상기시키는 생각에 맞서:

주님께서 주셨다가 주님께서 가져가시니 주님의 이름은 찬미받으소서.
욥 1,21

나는 아시아에서 번영신학을 접한 적이 있습니다. 이 신학은 미국 오순절교회가 주창하는 신학인데, 성경을 근거로 끌어들입니다. 주님의 축복을 받으면 부자가 된다는 얘기지요. 돈이 많을수록 주님의 더 큰 축복과 호의를 입은 셈입니다. 하찮은 소유나마 잃을까 겁내는 수도승은 성경, 특히 욥기에 의지해야 합니다. 욥은 한때 큰 부자였습니다. 재산이 많아서 좋았습니다. 주님께서는 우리가 삶에 기뻐하기를 원하십니다. 그 수도승이나 번영신학이나, 자신을 위해 주님을 이용해 먹고 있다는 걸, 그러다가 돈이 주님이 되고 주님이 돈을 섬기게 된다는 걸 모르고 있습니다.

에바그리우스는 모든 것을 빼앗긴 욥의 외침으로 이 생각에 맞서 싸웁니다. "주님께서 주셨다가 주님께서 가져가시니 주님의 이름은 찬미받으소서." 주님께서는 주실 줄도 알지만 가져가실 줄도 압니다. 그때도 우리는 주님의 선하신 손길 아래 있으니, 도무지 이해할 수 없는 일을 당할 때도 주님을 찬미함이 마땅하고 옳은 일입니다.

"까닭 없이 슬프다는 사실이
바로
슬퍼해야 할 이유다."

프랑수아즈 사강

●

슬픔

날 걱정해 주는 사람 아무도 없는데, 나 죽은들 누가 알까?

『안티레티코스』 4,10
주님의 천사들이 자기를 보호해 주지 않는다는 생각 때문에 흔들리는 영혼에게:

보라, 내가 너희 앞에 천사를 보내어, 길에서 너희를 지키고 내가 마련한 곳으로 너희를 데려가게 하겠다.
탈출 23,20

삶에 지나친 기대를 걸고 남들에게 미성숙한 소망을 표현하는 것도 다 슬픔 때문이라고, 수도승들은 그리 말합니다. 모두가 나를 좋아해 주고, 사랑해 주고, 경탄해 마지않고, 돌봐 주기를 바라는 거지요. 이런 미성숙한 소망이 충족되지 않으면 전혀 엉뚱한 생각에 함몰되고 맙니다. 아무도 날 좋아하지 않아, 날 챙겨 주는 사람은 아무도 없어, 나 같은 건 어찌 되든 상관없겠지, 하찮으니까, 죽어도 그만일 거야.

에바그리우스는 그런 사람에게 부모의 사랑이나 우정에 매달리라 하지 않습니다. 그 사랑은 이미 받아 보았거든요. 오히려 동반자 천사에 눈뜨게 합니다. 천사는 온갖 에움길과 그릇된 길에서 나를 이끄는 길동무입니다. 천사는 남들이, 그리고 나 자신마저 나를 감당할 수 없을 때도 나를 참아 냅니다. 나마저 나를 버려도, 늘 참고 내 곁에 있어 주는 천사를 생각하면 슬픔도 점차 신뢰로 바뀌게 됩니다.

슬픔이 내 영혼을 잠식할 때는 음악이 묘약이다.

『안티레티코스』 4,22
시편의 선율이 어떻게 육체의 균형을 바로잡는지, 등을 자극하여 신경을 마비시키고 모든 지체를 혼란에 빠뜨리는 악령을 어떻게 몰아내는지 모르는 영혼에게:

악령이 사울에게 내릴 때마다, 다윗은 비파를 손에 들고 탔다. 그러면 악령이 물러가고, 사울은 회복되어 편안해졌다.
1사무 16,23

슬퍼하는 사람은 곧잘 제 슬픔에 함몰됩니다. 아무것도 할 수 없을 것 같습니다. 더러는 슬픔이 우울증이라는 병으로 탈바꿈하지요. 우울증이라면 어차피 속수무책입니다. 마냥 떠안고 가거나 기껏해야 약으로 달랠 수밖에 없는 병이거든요.

에바그리우스는 스스로를 포기하게 만드는 이런 자기연민을 용납하지 않습니다. 그는 음악의 치유 능력에 주목하라고 권합니다. 시편을 노래하면 영혼뿐 아니라 육신도 변화된다고 말합니다. 여기서 그는 피타고라스의 음악론을 활용합니다. 음악의 리듬은 사람을 제 영혼 깊은 곳에서 울리는 리듬과 교감하게 한다고 피타고라스는 말했습니다. 음악의 화음도 정신력의 조화로움에 영향을 미칩니다. 슬픔에 멍하니 당하고 있을 수만은 없습니다. 주님께서 음악을 치료제로 선사하셨으까요. 노래 정도야 부를 수 있지요? 그럼 이따금 노래를 불러 보세요.

나, 우울증이야.
아무 대책이 없어.

『안티레티코스』 4,30
악령들의 사악함이 드러날 때 그들에 맞서 힘껏 싸우라고 격려하는 대신 도망가라고 유혹하는 생각에 맞서:

주님께 나 피신하는데 너희는 어찌 나에게 말하느냐? "새처럼 산으로 도망쳐라."
시편 11,1

우울증에 두 손 드는 사람이 많습니다. 말하자면, 대책이 안 서는 거지요. 그들은 우울증을 팔자소관으로 여기고 지레 포기할지언정 도전으로 받아들이지 않습니다. 아니면 우울증으로부터 도망치거나. 일부러 분주한 일을 만들어 그리로 도망치는 사람들도 있습니다. 이건 흥분성 우울증입니다. 어떤 이들은 슬픔에 빠집니다. 그들은 아무 저항도 없이 그냥 슬픔에 목매고 있습니다.

이런 상황 속에서 에바그리우스가 우리에게 권하는 시편 구절은 우리가 도망치지 못하게 막아 줍니다. 새는 도망칠 수 있습니다. 그러나 주님을 신뢰하는 사람에게 도피란 없습니다. 사람은 싸워야 합니다. 수도승은 평생을 싸우며 사는 사람입니다. 우울증도 자기와 싸워 줄 대상을 만나고 싶어 하지요. 우리는 우울증에 하릴없이 당하고 있지만은 않을 겁니다. 항상 완벽히 극복하기는 어렵겠지만, 그놈의 세력을 억제할 수는 있습니다. 우울증과 더불어 살아갈 수 있을 만큼은 싸울 수 있단 말입니다.

오늘도 뉴스는 환경 파괴와 대참사,
전쟁과 기아에 관해서만 보도하는데 …

『안티레티코스』 4,37
정신을 어지럽히고, 고뇌와 고통에 가득 찬 생각으로 정신을 성가시게 구는 슬픔의 악령 때문에 주님께:

제 영혼을 그들이 꾸민 파멸에서, 제 목숨을 사자들에게서 건져 주소서.
시편 35,17

뉴스에서 날마다 새로운 참사 소식을 들을 때마다 몹시 우울해집니다. 하느님이 세상사에 참으로 무심한 게 아닌가도 싶습니다. 제대로 돌아가는 일이 하나도 없네요. 세상이 재앙으로 들끓고 있습니다. 꿈엔들 어찌 온전한 세상을 바라겠습니까.

에바그리우스는 우리가 세상의 좋은 것만 봐야 한다고 말하지 않습니다. 천지간에 나쁜 것들이 범람하고 있어도 세상은 여전히 아름답고, 남을 위해 몸 바치는 착한 사람도 많습니다. 그렇다고 에바그리우스가 허황된 희망으로 위무하려는 것은 아닙니다. 우리 생각에 도전하고 이의를 제기하는 말씀 하나 제시할 뿐이지요. 그는 주님께서 우리를 돌보시도록 그분께 전념하라 권고합니다. 주님께서 우리를 돌봐 주시면, 한 많은 세상일지언정 우리 삶이 다시 치유될 것입니다.

살아온 날들을 돌이켜 보면
아무도 날 사랑할 수 없었던 게 당연하지,
나 자신조차도.

『안티레티코스』 4,55
과거의 죄들을 들춰내 보여 주고 내 안에 슬픔을 불러일으키면서 영혼을 공격하는 악령에 맞서:

내 원수야, 나를 두고 기뻐하지 마라. 나는 넘어져도 다시 일어나고 어둠 속에 앉아 있어도 주님께서 나의 빛이 되어 주신다.
미카 7,8

지난날의 상처들을 떠올리면 괜스레 슬퍼집니다. 성공의 정점에서, 돌연 자신이 조상들보다 그다지 나을 것도 없음을 깨달은 예언자 엘리야도 그랬습니다. 우리가 살면서 온갖 잘못을 저질러 흠결투성이임을 깨닫게 될 때, 문득 서러움이 북받쳐 오르지요. 그렇게 살아왔고, 그런 짓을 했고, 그런 사람이라는 게 스스로도 용서가 안 됩니다.

에바그리우스는, 더러 잘한 것도 있지 않느냐는 말로 위로하려 들지 않습니다. 그런 위로에는 반감만 생깁니다, 잘한 게 잘한 게 아니라 그 또한 잘못일 뿐이라는. 그는 잘잘못의 대차대조표를 작성하는 것이 덧없는 일임을 잘 알고 있었습니다.

그래서 고른 것이 예언자 미카의 말입니다. 미카는 우리가 걸려 넘어졌음을 인정합니다. 그래요, 살면서 다 잘할 수는 없겠지요. 그래도 오래 엎어져 있지는 마십시오. 일어나야지요. 어둠 속에서 주님이 나의 빛 되시니 어둠도 참을 만합니다. 중요한 것은, 어둠 속에서도 주님의 빛이 비치어 어둠을 몰아낸다는 사실입니다.

사랑하는 사람을 여의고
긴긴 날 슬픔에 젖어

『안티레티코스』 4,63
정신을 망자로 가득한 심연으로 이끌고 마음에 혐오스러운 환영들을 아로새기는 슬픔 때문에 주님께 — 이는 영혼이 위험에 처했다는 표지다:

어찌하여 제 고통은 끝이 없고 제 상처는 치유를 마다하고 깊어만 갑니까? 당신께서는 저에게 가짜 시냇물처럼, 믿을 수 없는 물처럼 되었습니다.
예레 15,18

사랑하는 사람이 다시 못 올 곳으로 떠났습니다. 슬픔의 심연이 아득합니다. 존재의 기반이 허물어져 버린 듯, 기가 다하고 맥이 멈추니 딛고 설 땅이 없습니다. 슬픔입니다. 슬퍼서, 마음이 오갈 데를 알지 못하고, 그저 막막한데, 몸도 기댈 데를 찾지 못합니다.

이 슬픔을 어찌해야 좋을지, 에바그리우스도 명쾌한 조언을 내놓지 않습니다. 그는 내 슬픔의 종점을 알려 주지 않고, 슬픔을 슬픔으로 내버려 둡니다. 다만 하느님께 오롯이 의탁하라 권합니다. 슬픔이 잦아들게 해 주십사 기도하지 말고, 슬픔이 어찌 이리도 날카로운지, 어찌 이리도 헤어날 길 없는지, 주님께 여쭈어 보라 이릅니다. 슬픔의 무게를 스스로 저울질하지 말고, 주님께 오직 나의 물음을 던질 수 있어야 내 슬픔은 겨우 조금씩 변모해 갈 것입니다. 적어도, 내 슬픔을 드러내 보일 수 있고, 또 절대로 그것 때문에 나를 비난하지는 않으실 누군가가 내 곁에 계십니다.

비보가 연이어 날아들 때

『안티레티코스』 4,71
자기 힘에 부치는 유혹을 받았다고 여기는 자의 생각에 맞서:

하느님은 성실하십니다. 그분께서는 여러분에게 능력 이상으로 시련을 겪게 하지 않으십니다. 그리고 시련과 함께 그것을 벗어날 길도 마련해 주십니다.
1코린 10,13

사는 게 너무 기구하지 않습니까? 하느님이 우리에게 요구하시는 것들을 이제 더는 감당하지 못하겠습니다. 식구들이 하나씩 세상을 뜹니다, 슬퍼할 겨를도 없이. 직장에서도 골치 아픈 일들이 서로 꼬이는 바람에 입지가 심각한 위기에 처했습니다. 온갖 일이 갑자기 터집니다. 못 버티겠습니다. 하느님께서 우리 능력에 넘치는 시련은 절대 내리시지 않으며, 고통을 주실 때는 그걸 짊어질 힘도 함께 주신다는데, 그 말이 정녕 맞는 것이냐고, 모진 고통에 시달린 사람들이 내게 묻습니다.

이때, 에바그리우스는 코린토 1서의 말씀을 들어 보라 권합니다. 하느님께서는 우리 능력 이상으로 시련을 겪게 하지 않으신다는 믿음으로 우리가 강해질 수 있다고 바오로 사도는 말합니다. 그러나 지금 이 고통만큼은 우리 능력 밖이라는 생각을 떨쳐 버리지 못하겠네요. 코린토 1서의 말씀이 전하는 것은 오직, 우리에게 밀어닥치는 이 모든 시련을 감당할 능력을 하느님께서 다시 내려 주실 거라는 희망입니다.

등짝이 두드려 맞은 듯 아프고
코가 콱 틀어막혀
하루 종일 눈물의 골짜기를 헤맬 때

『안티레티코스』 4,76
영혼은 악령의 공격을 받고, 육체는 불치병에 걸릴 거라고 예측하는 생각에 맞서:

여러분이 열심히 선을 행하는데 누가 여러분을 해치겠습니까? 그러나 의로움 때문에 고난을 겪는다 하여도 여러분은 행복합니다. 그들에 대한 두려움으로 놀라지도 동요하지도 마십시오. 다만 여러분의 마음속에 그리스도를 주님으로 거룩히 모시십시오.
1베드 3,13-15

아파서 견디기 힘든 날이 있습니다. 콧물이 줄줄 흐릅니다. 하도 코를 풀어서 콧구멍이 다 짓물렀습니다. 내 몸이 내 맘 같지 않으니 잠시도 배겨 내질 못하겠습니다. 통증이 악몽처럼 심장을 쥐어짤 때는 혹시 심근경색이 아닐까도 싶고, 여기저기 불편한 데가 생기면 지레 암을 의심합니다.

여기서도 에바그리우스는 그럴듯한 위로의 말을 늘어놓는 대신, 베드로 1서의 말씀을 따라 행할 것을 요구합니다: 열심히 선을 행하고 의로움을 추구하십시오. 그러면 아무것도 우리를 뒤흔들지 못할 것입니다. 고통 중에도 두려워하지 마십시오. 마음속에 그리스도를 주님으로 거룩히 모시면 행복합니다. 병고에 시달릴 때도 우리 안에는 병조차 범접하지 못할 거룩한 공간이 있습니다. 그리스도께서 계시는 곳입니다.

육체의 고통은 우리 안에 있는 이 거룩한 공간을 주목하라고 손짓합니다. 우리가 치유되고 온전해질 곳이 바로 거기입니다. 그리스도께서 사시는 곳에서는 두려움도 슬픔도 우리를 어쩌지 못하니까요.

"우리가 화를 내는 순간
상대방은 목적을 달성했다.
우리는 이미
그의 손아귀에 들어 있다."

<small>케른스트 프라이헤어 폰 포이히터스레벤</small>

•

분노

녀석이 내 애인에게 치근대는 걸
이 두 눈으로 똑똑히 봤다고!

『안티레티코스』 5,3
분노 때문에 거짓 증언을 하고 싶은 생각에 맞서:

이웃에게 불리한 거짓 증언을 해서는 안 된다.
탈출 20,16

누군가에게 분노가 치솟으면 그자를 그냥 확 어떻게 해 버리고 싶습니다. 분에 못 이겨 상대방을 해코지할 모든 방안을 강구하게 될 것입니다. 악 쓰고 개망신시켜 아주 끝장을 내버리는 장면도 그려 봅니다. 그런 식으로 남을 해치는 건 틀린 증언 방법입니다. 우리는 남에게 뭔가 잘못이 있을 거라 여기며 험담을 해 댑니다. 이런 유혹을 이기지 못하는 사람이 요즘도 많습니다. 누군가에 대한 거짓 정보가 인터넷을 통해 일파만파 퍼지면, 우리는 그걸 보고 시샘하거나 분통을 터뜨리지요.

에바그리우스는 십계명에서 하나를 뽑아 그런 유혹에 맞섭니다. "이웃에게 불리한 거짓 증언을 해서는 안 된다." 이때 우리의 행동이 옳지 않다는 근거는 없습니다. 그러나 우리는 이 명료한 하느님의 명령을 항상 유념해야 합니다. 그래야 거짓 증언으로 남을 해치려는 우리의 성향이 기를 펴지 못할 것입니다.

자기 친구가 팀장과 친하다는구만.
취직도 그래서 됐다는 거
알 만한 사람은 다 알지.

『안티레티코스』 5,4
비방 때문에 형제들에 대한 분노가 솟구칠 때:

너희는 헛소문을 퍼뜨려서는 안 된다.
탈출 23,1

이웃이나 직장 동료에 대해 한마디씩 툭툭 던지는 소리, 자주 듣습니다. 듣고 나면 속이 부글부글 끓지요. 인간이 어떻게 그래, 어떻게 그런 짓을 해, 그럼 안 되는 거잖아, 그런 나쁜 놈은 욕먹어도 싸.

우리는 너무 쉽게 남 얘기를 들은 대로 믿고 입맛대로 평가하고 제 분에 못 이겨 욕지거리를 뱉어 냅니다.

이런 유혹에는 계명으로 맞서야 합니다. "너희는 헛소문을 퍼뜨려서는 안 된다." 이 계명을 유념하면 우리 눈이 서서히 뜨입니다. 남 얘기 하는 이의 말이 사실과 늘 일치하지는 않는다는 걸 알게 됩니다. 깨어 있으면서, 뒤에서 쑥덕거리는 이의 눈이 아니라 우리 자신의 눈으로 남을 직시할 용기를 얻게 됩니다.

이게 다 엄마 때문이야!
엄마한테 제대로 사랑받고 컸더라면
지금 나는 행복할 텐데!

『안티레티코스』 5, 21
정신이 분노하도록 생각들로 정신을 자극하면서 분노의 길을 걷는 영혼에게 — 언젠가는 분노가 모호해지고, 말과 행동에 대한 기억이 희미해질 때가 온다. 그래도 이미 흐려진 정신의 흔적은 남는다:

의로움의 길에는 생명이 있지만 분노를 간직하는 이들의 행로는 죽음에 이른다.
잠언 12, 28

원망은 분별력을 마비시킵니다. 원망이 사무치면 분별력이 사라져 명석한 사고를 할 수 없게 됩니다. 만사가 원망에 함몰되고 말지요. 원망은 수도승들의 깊은 외로움에까지 파고듭니다. 그들에게는 사람들 앞에서 대놓고 화낼 기회조차 없습니다. 그럴 때, 해묵은 원망이 스멀스멀 피어오릅니다. 몸이 가는 곳마다 마음 깊이 자리한 원망도 함께 따라다니는 것을 저들도 알고 있습니다. 감정을 파내 버려도 말들은 기억 속에서 사라지지 않습니다. 내가 상처 입은 말들이 떠오르기 무섭게 다시 원망이 깨어나고 분별력도 흐려집니다.

에바그리우스는 잠언의 말씀을 들려줍니다. 분노를 간직하는 이들의 행로는 죽음에 이른다지요. 이 말씀은 원망의 종점이 어딘지 보여 주면서, 생명으로 인도하는 의로움의 길을 가도록 우리에게 권하고 있습니다.

맞은 개가 요란스레 짖을 때

『안티레티코스』 5,23
좋은 뜻으로 우리를 견책하는 사람에게 부드러운 대답을 하지 못하게 하는 생각에 맞서:

부드러운 대답은 분노를 가라앉히고 불쾌한 말은 화를 돋운다.
잠언 15,1

잘못을 지적하는 친구가 있습니다. 도우려는 마음이겠지요. 그래도 화가 납니다. 분노가 치미는 걸 보니, '맞은 개가 짖는다'는 속담이 틀리진 않았네요. 스스로 인정하고 싶지 않은 약점을 친구가 건드렸기 때문입니다. 들켜 버린 약점 때문에 화가 나서, 우리 자신에게 화가 나서, 그래서 '짖기' 시작한 것입니다. 자신의 약점은 외면하고 싶은 법이지요.

잠언에서 뽑은 지혜의 말씀은 분노의 결과가 무엇인지 가르쳐 줍니다. 분노는 정확한 사리판단으로 내 약점을 지적해 준 그 친구마저 집어삼키고 맙니다. 우정이 쩍쩍 갈라지는 소리가 들립니다. 우리가 온유하게 대응했더라면 분노를 비껴갈 수 있었을 것이고, 우정은 더 깊어졌을 것입니다.

그 인간, 죽어 버렸으면 좋겠어!

『안티레티코스』 5,37
우리 원수를 미워하고 비방하게 하는 생각에 맞서:

너희는 원수를 사랑하여라. 그리고 너희를 박해하는 자들을 위하여 기도하여라. 그래야 너희가 하늘에 계신 너희 아버지의 자녀가 될 수 있다.
마태 5,44-45

누구한테 화가 나면 속으로 악담을 내뱉곤 하지요. 그자가 폭삭 망하거나 죽어 버렸으면 좋겠습니다. 처절한 '왕따'의 서러움을 겪어도 좋겠네요. 남의 죽음을 바라는 우리 모습에 스스로도 경악할 지경입니다. 생각을 억눌러 보지만 마음 같지 않습니다.

예수님의 산상 설교 말씀으로 이런 악담과 죽음의 저주에 맞서 봅시다. 그 말씀은 우리의 원수와 박해자를 위해 기도하라 하십니다. 그들을 위해 기도할 때, 우리는 그들을 다른 눈으로 보게 될 것입니다. 그리하면 그들을 사랑할 능력도 생깁니다. 하느님께서는 악인에게나 선인에게나 당신의 해를 떠오르게 하신다고 예수님은 가르치셨습니다. 우리가 원수를 줄곧 미워하기만 하면, 해는 지고 비는 땅을 적시지 않을 것입니다.

넌 모든 걸 잊어 버리지.
난 모든 걸 기억하고 있어.

『안티레티코스』 5,38
형제의 회개가 흡족하지 않아 새삼 격화되는 분노에 맞서:

네 형제가 죄를 짓거든 꾸짖고, 회개하거든 용서하여라. 그가 너에게 하루에도 일곱 번 죄를 짓고 일곱 번 돌아와 "회개합니다" 하면, 용서해 주어야 한다.
루카 17,3-4

형제의 뉘우침이 성에 차지 않을 때가 자주 있습니다. 상처가 너무 아프고 화가 치밀어, 천만 번 미안하단 소리를 들어도 분이 안 풀립니다. 뼈저리게 후회하도록 내버려 두고 눈길 한 번 안 주는 걸로 우리의 분노를 드러내지요. 그가 괴로워하는 걸 보고 싶습니다. 수도승들은 자신에게 매우 솔직합니다. 자신에게 상처 입힌 형제의 뉘우침을 받아들이지 않고, 그가 기어이 치욕스러운 참회복을 입고 돌아다니는 꼴을 보는 것으로 은근히 복수하고 싶습니다. 이런 속내가 있다는 걸 스스로도 압니다. 이것이 우리가 복수하는 방식입니다.

에바그리우스는 예수님의 계명을 명심하라 이릅니다. "그가 너에게 하루에도 일곱 번 죄를 짓고 일곱 번 돌아와 '회개합니다' 하면, 용서해 주어야 한다." 여기서 '회개하다'는 그리스 말로 '달리 생각하다, 돌아오다, 들여다보다'란 뜻입니다. 남을 용서하는 데는 잘못된 행동을 곰곰이 들여다보는 것만으로도 충분합니다.

절대 용서하지 않을 거야.
내게 사과하지 마.

『안티레티코스』 5,49
형제들이 회개·두려움·찬미, 그리고 과거의 어리석음을 더는 범하지 않겠다는 약속 등, 최상의 조건으로 모든 할 바를 다하고 있는 것을 빤히 보고도 그들과 화해하지 않으려는 분노의 생각에 맞서 — 이는 정신을 분노에 계속 붙들어 두려는 악마의 술책이다:

해가 질 때까지 노여움을 품고 있지 마십시오. 악마에게 틈을 주지 마십시오.
에페 4,26-27

여기서 에바그리우스는 악마가 쓰는 한 가지 기교에 대해 말합니다. 요즘 말로는 '합리화'라고 하지요. 머리는 아무 행동도 하지 않을 별별 이유를 다 짜냅니다. 바르게 행동하라는 내면의 소리에 자신이 어떻게 저항하는지 머리는 결코 알지 못합니다. 많은 경우, 이런 사람들은 내적 갈등에 시달리는데, 이게 결국 불행의 씨앗이 되더군요. 해야 할 일이 뭔지 본능적으로 알면서도, 그들은 오만 가지 이유를 끌어다 대며 주저하고 있습니다.

에바그리우스는 수도승들이 차마 회피할 수 없는 하나의 규범을 제시함으로써 이 갈등을 풀어 버립니다. "해가 질 때까지 노여움을 품고 있지 마십시오." 그에게 바오로 사도의 이 말씀은 감히 이성을 들먹이며 폐기할 수 없는 권위였습니다. 이 권위는 합리화의 교묘한 장난을 꿰뚫어 보고 그것을 극복하도록 도와줍니다.

광신자를 식별하는 방법

『안티레티코스』 5,64
하느님을 사랑한다고 공언하면서도 형제를 미워함으로써 사랑이라는 첫째 계명을 부정하는 정신에 맞서:

누가 "나는 하느님을 사랑한다" 하면서 자기 형제를 미워하면, 그는 거짓말쟁이입니다. 눈에 보이는 자기 형제를 사랑하지 않는 사람이 보이지 않는 하느님을 사랑할 수는 없습니다.
1요한 4,20

피정지도를 해 보면 참가자들은 자기가 얼마나 하느님을 사랑하는지에 대해 이야기합니다. 문제는 사람들과의 관계에서만 일어나는데, 대개는 사람들이 나빠서 그들 때문에 삶이 피곤해진다더군요. 그래서 그들과는 도저히 잘 지낼 수 없다는 겁니다.

나는 가끔 생각해 봅니다. 사람들이 정말 그렇게 나쁜 걸까, 아니면 그리 말하는 사람들이 자기 주변 인물들을 안 좋게 보는 걸까? 남의 나쁜 점만 알아보는 부정적 시각이야말로 증오의 한 방식입니다.

에바그리우스가 여기 맞세우는 요한 1서의 말씀은 그런 사람을 거짓말쟁이라고 폭로합니다. 좀 독한 표현이지요. 그러나 하고많은 이유 뒤에 숨어 있는 내면의 거짓말을 밝혀내려면 그런 지독한 말도 가끔은 필요합니다.

"나태는 우리를
고통 속에 묶어 둔다."

<small>노발리스</small>

●

아케디아

지금 있는 대로, 지금 가진 걸로 넉넉해.
다들 치열하게 산다지만,
난 그냥 이렇게 살 거야.

『안티레티코스』 6,3
아케디아의 악령에 굴하여 항구함 없이 진리에 대한 인식의 열매로 배부를 수 있기를 기대하는 영혼에게:

용기를 내어라. 그리고 그 땅의 과일을 가져오너라.
민수 13,20

제 시간을 누릴 수 있다면 그걸로 족하다 여기는 신자들을 나는 자주 봅니다. 그들은 기도를 '혼자만의 시간을 갖는 일'과 혼동합니다. 자기가 얼마나 자아도취에 빠져 제 주변만 맴돌고 있는지 저들은 알지 못합니다. 게다가, 영적 체험이 자신에게 몰입해 있는 동안 일어날 것이라 여깁니다.

　에바그리우스는 용기에 관한 말씀으로 이 무기력한 영성에 맞섭니다. 용감히 버티면서 삶이라는 밭을 힘들여 경작하는 사람만이 과일을 수확할 것입니다. 오직 그런 사람만이 진리에 대한 인식의 열매로 배부를 것입니다.

반밖에 안 남은 찻잔?
반이나 남은 찻잔?

『안티레티코스』 6,13
[주님을] 찬미하지 못하도록 방해하는 아케디아의 악령에 맞서:

나 언제나 주님을 찬미하리라. 내 입에 늘 그분에 대한 찬양이 있으리라.
시편 34,2

---

* Harry Sinclair Lewis(1885~1951). 미국의 소설가. 1930년 북미 대륙 최초로 노벨 문학상을 수상했다. 주요 작품으로는 『메인 스트리트』(1920) 『배빗』(1922) 『엘머 갠트리』(1927) 『베델 메리데이』(1940) 『피의 선언』(1947) 등이 있고, 사후에 출간된 『서쪽의 폭풍』(1963)은 엘리아 카잔 감독이 참여하여 영화화되기도 했다.

매사에 의욕이 없는 사람은 시시콜콜 투정만 부립니다. 모든 게 못마땅합니다. 아케디아는 순간에 몰두할 능력이 없을 때 나타납니다. 아무것도 하기 싫습니다. 일은 힘들어서 하기 싫고, 기도는 지루해서 하기 싫고, 심지어 아무것도 안 하기도 싫습니다. 하는 일 없이 불평만 쌓입니다. 아케디아는 주님께 향하는 우리 마음에 빗장을 겁니다. 그분께서 우리에게 내리신 선물이 뭔지 알 턱이 없습니다.

에바그리우스는 감사해야 할 이유들을 제시하는 것에 만족하지 않습니다. 어떤 이유든지 그것에 반대할 이유도 나타나기 마련이라는 걸 알고 있으니까요. "아니, 그렇게 사는 건 내게 맞지 않아. 마음에 안 들어." 늘 주님을 찬양하라는 권유만이 이런 투정에 맞설 수 있습니다. "속물들은 매사에 투정만 부린다. 찬양은 [영혼의] 건강 상태를 귀로 확인하는 행위다." 싱클레어 루이스*의 말입니다.

나 말고는 아무도 날 동정하지 않을 때

『안티레티코스』 6,14
아케디아에 빠져 수도승생활이 자기에게 견딜 수 없을 만큼 힘들다고 토로하면서 희망을 꺾어 버리는 영혼에게:

주님을 신뢰하며 선을 행하고 이 땅에 살며 신의를 지켜라.
시편 37,3

사는 게 너무 힘들다는 불평이 여기저기서 터집니다. 에바그리우스는 위로의 말을 아낍니다. 다만 주님을 신뢰하며 선을 행하라 요구합니다. 벅찬 가슴으로 토해 내는 이 말이 우리를 자기연민으로부터 지켜 줍니다. 더는 '자신을 불쌍히 여기지' 않고 주님을 신뢰하며 선을 행합니다. 담대한 마음으로 자신을 주님께 의탁하는 것입니다. 이것은 진부한 기교도 아니고 심리적 눈속임도 아닙니다. 주님께서 언약의 정당성을 몸소 보증해 주신 성경 말씀을 진심으로 받아들이는 것일 뿐입니다. 오늘날 정신요법의 하나인 자발성 훈련에서도 신뢰를 역설하는 문장들이 권장되고 있습니다. 신뢰는 그 문장들이 내재화되었을 때 비로소 얻어집니다.

에바그리우스는 인간의 차원을 넘어서서 주님의 말씀 하나를 거듭 되뇌기를 권합니다. 기도하는 이는 그 말씀의 신성한 힘으로 낫기를 소망합니다. 말씀을 통해 주님 친히 우리의 주치의가 되어 주시기 때문입니다.

여행 안내 책자를 삼킬 듯 들여다보면서

『안티레티코스』 6,15
자기가 거주할 다른 장소를 찾는 아케디아의 악령에 사로잡힌 슬픈 영혼에게:

너는 주님께 바라고 그분의 길을 따라라. 그분께서 너를 들어 올려 땅을 차지하게 하시리라.
시편 37,34

사는 곳을 영 마뜩잖아 하는 마음은 아케디아의 행태 중 하나입니다. 고향 마을은 너무 좁습니다. 일 때문에 딴 도시를 찾았는데 또 싫증이 납니다. 그 도시는 지루하고 소란스러우며 문화도 삭막한 데다 사람까지 불친절합니다. 앞집 아저씨는 사람을 거들떠보지도 않고 옆집 아줌마는 수다가 끝이 없으니 신경질만 돋습니다. 어디 이사갈 데 없나 머리를 굴려 봅니다. 슬슬 다른 집들이 눈에 들어오지만, 흠 잡을 데 없는 집은 어디에도 없습니다. 거기도 고약한 이웃이 있거나, 너무 외딴 곳이라 밤길이 무섭습니다. 편히 맘 붙일 곳은 정녕 없나 봅니다.

나는 이 한 말씀으로 불만을 이기려 합니다. "너는 주님께 바라고 그분의 길을 따라라." 주변에 신경 쓰지 말고 주님을 바라보면서 내가 사는 이곳을 견딜 일입니다. 그리하면 "땅을 차지하게" 될 것이요, 너른 마음으로 감사하며 기뻐하게 될 것입니다.

내가 뭐하러 그 생고생을 해?
좋은 일자리는 어차피 남들이
다 차지하는데 …

『안티레티코스』 6,23
형제나 친척 가운데 누군가가 출세하여 권력과 명예의 반열에 올랐을 때 우리를 엄습하는 아케디아의 악령 때문에 주님께:

하느님께 가까이 있음이 저에게는 좋습니다.
시편 73,28

흔히 아케디아는 시샘과 한통속입니다. 성공하고 출세한 동기들을 보면 부럽기도 하고 나 자신이 초라해지기도 합니다. 그러면 속에서 아케디아가 슬며시 고개를 쳐듭니다. 살맛 안 나지요. 다들 잘나가고 있는데, 하느님은 왜 나만 갖고 이러시는 걸까요. 그분은 내게 좋은 일자리를 얻을 기회조차 허락하지 않으셨습니다. 아무도 날 거들떠보지 않습니다. 지면을 화려하게 수놓는 스타나 명사들보다 내가 못할 게 뭐 있습니까! 세상 참 불공평합니다. 날 찾는 사람도 없습니다. 그래서 사는 게 서글픕니다. 남과 비교하는 건 이 울적한 생각에 전혀 도움되지 않습니다. 하느님과 함께 있어 좋으니 내 모든 희망을 그분께 걸겠다는 말씀만이, 어차피 헛것인 내 비애를 폭로합니다.

희망이란, 내 친척과 똑같이 유명해지리라는 기대와는 사뭇 다른 것이지요. 희망은 나를 살아 있게 합니다. 하느님께서 매 순간 내게 새롭게 선물하시는 것을 나는 희망할 뿐입니다.

혼자서는 더 못 견디겠어.
당장 누구한테라도 힘든 사정을 좀
털어놓을 수 있었으면 …

『안티레티코스』 6,24
아케디아에 빠졌을 때 형제들에게 가서 위로를 받고 싶다는 생각에 맞서:

내 영혼은 위로도 마다하네. 하느님을 생각하니 즐거워지네. 내가 말하니 내 얼이 아뜩해지네.
시편 77,3-4

여기서도 아케디아의 불편한 상태에서 벗어날 묘책은 제시되지 않습니다. 차라리 달아나지 말고 견디면서 그 안에서 하느님을 경험하라고 격려합니다. 시편에서 새삼 이런 경험을 접하게 되면 더는 걱정스럽거나 서글퍼지지 않습니다.

속내가 조금 알려진들 뭐 어떻겠습니까. 공동체 안에서 함께 시편기도를 바치면 아케디아 상태를 더 쉽게 이겨 낼 수 있습니다. 수도승은 홀로 싸우는 것이 아니라, 공동체 안에서 시편 작가와, 그리고 끊임없이 시편기도를 바치는 모든 형제들과 함께 싸운다는 느낌을 받습니다. 구약성경에 나오는 믿음의 표양과 이 표양을 따르는 수도 공동체가 개개인에게 상황을 극복할 힘을 줍니다. 저마다 비슷한 경험을 하는 이들의 공동체에 튼튼히 결속되어 있다는 느낌을 받습니다. 다들 지금껏 싸우면서 잘 버텨 왔고 지금도 버티고 있다는 것을 우리가 모르지 않습니다.

급성 '출근'경색에 걸리면

『안티레티코스』 6,28
손노동을 포기하게 하고 태만하게 몸을 벽에 기대게 하는 아케디아의 악령에 맞서:

너 게으름뱅이야, 언제까지 누워만 있으려느냐? 언제나 잠에서 깨어나려느냐? "조금만 더 자자. 조금만 더 눈을 붙이자. 손을 놓고 조금만 더 누워 있자!" 하면 가난이 부랑자처럼, 빈곤이 훌륭한 주자처럼 너에게 들이닥친다.
잠언 6,9-11

한 여자가 막 출근하려던 참이었습니다. 근데 마침 시동이 안 걸리는 겁니다. 아, 짜증 나! 오늘 일진 사납겠구나. 집으로 다시 들어왔는데, 목이 따끔거립니다. 그렇지, 인후통이네. 결근하기 딱 좋은 이유입니다. 일하기 싫어집니다. 일에 치여 사는 자신이 가엾습니다. 몸이 개운찮다 싶으면 동료들은 후딱 조퇴도 잘하던데, 왜 그녀는 그것조차 잘 안 되는 걸까요? 결근할 이유는 얼마든지 있습니다. 몸은 우리가 병이라 여길 만한 각종 증상들을 늘 달고 다닙니다. 만사가 귀찮을 때도 몸이 신호를 보냅니다. 이쯤 되면 결근할 이유로 충분하지 않습니까?

이런 생각들이 무위도식을 정당화하고 있을 때 잠언은 묻습니다. "언제나 잠에서 깨어나려느냐?" 출근할까 말까 잔머리 굴리지 말고 그리 물어보십시오. 눈 번쩍 뜨이고 잠 깨어 길 나설 것입니다. 그러면 저녁에도 뿌듯한 마음으로 퇴근할 수 있습니다.

왜 하필 나인가?
왜 운명은 내게 이토록 불공평한가?

『안티레티코스』 6,36
질병 때문에 아케디아의 악령에 굴복하는 영혼에게:

내가 그분께 죄를 지었으니 그분께서 나에게 판결을 내리시고 권리를 찾아 주실 때까지 나는 주님의 분노를 짊어지리라. 그분께서 나를 빛 속으로 이끌어 주시리니 나는 그분의 의로움을 보리라.
미카 7,9

여기서는 질병을 주님께서 내리시는 시험으로 해석합니다. 그것은 어둠을 지나 빛으로 가는 통로입니다. 질병이나 사고 앞에서 정신이 아득해지는 것은 그걸 설명할 길이 없기 때문이지요. 재앙은 암담하고 납득하기 어렵고 불투명하여 우리를 어둠 속에 방치합니다. 사건의 무의미함 앞에서 삶의 의미가 모호해집니다. 우리는 내적 활력을 상실하여 아케디아로, 의욕 상실로, 우울증으로 추락합니다.

주님의 말씀으로 질병을 해석하면 병마를 이기고 성숙할 힘을 얻습니다. 병 때문에 활력을 잃기는커녕 병 덕분에 내면의 힘을 얻습니다. 그러나 재앙을 설명한다는 것은 매우 까다로운 일입니다. 잘못 해석하기도 쉽습니다. 사건의 폐해는 더 커집니다. 사고를 하느님의 징벌로 보고 저주받았다 여기는 사람들도 있습니다. 그들도 사고를 해석은 하지만 눈이 멀어 주님 말씀의 관점에서 해석하지 못하고, 제 불안과 어지러운 생각들을 확인하는 데만 끌어다 붙입니다. 그러면 주님의 말씀조차 해로운 것이 되고 말지요.

"분별력과 판단력이
떨어질수록
허영심은 더 커진다."

조너선 스위프트

●

헛된 영광

이 사업에 나만큼 좋은 계획을 가진 사람은 없어.
남들 눈에도 그렇게 보이겠지.

『안티레티코스』 7,6
'너는 모든 형제들 사이에 평판이 좋다'는 식의 헛된 영광의 생각에 맞서:

나는 가난하고 천한 몸입니다.
1사무 18,23

성공한 사람은 성공에 도취됩니다. 타인에 대해 우월감을 갖습니다. 자신의 성공을 즐깁니다. 남들이 나에 대해 어떻게 생각할까, 남들이 내 업무 능력을 얼마나 칭찬할까, 내 아이디어에 얼마나 열광할까에 대해 늘 신경 씁니다. 무대 한복판에서 모든 이에게 갈채받는 자신을 그려 봅니다. 하지만 이때도 자신의 인성은 보지 못합니다.

자만의 환상에 젖을 때, 에바그리우스는 다윗이 사울의 신하들에게 한 말을 명심하라 이릅니다. "나는 가난하고 천한 몸입니다." 자신이 평범하고 약하다는 것을 받아들일 용기가 있는 사람이 진짜 큰사람으로 성장할 수 있습니다. 남들보다 높아지기 위해 손수 자신이 올라설 단상을 만드는 사람은 금방 추락합니다. 그때 자기가 별 볼일 없는 사람이었음을 뼈저리게 느끼게 된다면, 헛된 영광을 누리던 시절에 행여 잃을까 두려워했던 견고한 기반을 다시 얻게 될 것입니다.

그 사람들하고는 상종 안 해, 격 떨어져서.

『안티레티코스』 7, 11
나를 속일 작정으로 형제들에게서 멀어져 고립되라고 오만하게 권고하는 헛된 영광의 생각에 맞서:

거만한 자들이 덫을 숨겨 두고 그물처럼 줄을 펼쳐 놓았으며 저를 잡으려 길 옆에 올가미를 놓았습니다.
시편 140,6

뭔가 이룬 사람들 중에는 자신이 남들보다 잘났다고 생각하는 사람이 많습니다. 남들은 다 수준 미달이라는 거지요. 그렇게 자기 틀에 갇혀 삽니다. 남들과는 상종하고 싶지 않습니다. 남에게 들을 말도 없고, 함께 의논할 중대사도 없습니다. 자기 안에 갇혀서 자신이 얼마나 고립되어 있는지도 모르고, 그토록 타인의 찬탄을 원했으나 오히려 정반대로만 가고 있다는 것도 깨닫지 못합니다.

저런 생각이 들 때 우리는 시편 구절을 되뇌어 봅니다. "거만한 자들이 덫을 숨겨 두고 …." 교만에 사로잡힌 사람은 고독에 몸부림칩니다. 아무도 그에게 필적하지 못하니까요. 주변에 자기와 마음을 나눌 이가 아무도 없는 사람들을 보고 카를 구스타프 융은 이렇게 말했답니다. "좀 더 겸손했더라면 외롭지는 않았을 텐데 …."

나하고는 상관없는 일이야.
저들이 무슨 까닭으로 치고받고 싸우는지
내 알 바도 아니고 …

『안티레티코스』 7,21
침묵해야 할 때 말을 강요하고, 말해야 할 때 침묵을 권고
하는 헛된 영광의 생각에 맞서:

침묵할 때가 있고 말할 때가 있다.
코헬 3,7

두 유형이 있습니다. 하나는 쉴 새 없이 지껄이는 유형입니다. 토크쇼에 출연해서도 최대한 많은 분량을 뽑아내는 데만 촉각을 곤두세웁니다. 틈틈이 남의 말을 잘라먹는 것은 제 존재감을 드러내 보이겠다는 심사입니다. 이들은 끊임없이 말함으로써 권력을 행사합니다. 반면, 침묵으로 권력을 행사하는 유형도 있습니다. 이들은 말해야 할 때도 말문을 닫습니다. 뭘 물어봐도 뜻 모를 침묵으로 자신을 포장하면서 주위의 신경을 긁어 놓습니다. 자기는 격조 높은 인물이라, 그런 천박한 질문에는 대답하고 싶지 않다는 뜻을 전하는 게지요.

두 유형 다 지혜의 스승인 코헬렛의 말씀을 되새겨야 할 것입니다. "침묵할 때가 있고 말할 때가 있다." 언제가 말할 때이고 언제가 침묵해야 할 때인지 구별할 감각이 있어야 합니다. 말할 것이냐 입 다물 것이냐, 그것은 그때그때 상황에 따라 달라지겠지요.

성무 담당자들을 위한 단상

『안티레티코스』 7,29
주님의 계명을 준수하기보다 그것을 형제들에게 가르치고 싶어 하는 헛된 영광의 생각에 맞서:

그러나 [계명들을] 스스로 지키고 또 그렇게 가르치는 이는 하늘나라에서 큰사람이라고 불릴 것이다.
마태 5,19

위대한 도덕군자치고 남에게 요구한 것을 스스로 충족시킨 이가 드뭅니다. 그들은 타인의 약점을 드러냄으로써 제 약점에 대한 두려움을 숨겼습니다. 그들이 악을 저주한 것은 제 속의 악이 두려웠기 때문입니다. 그들이 남에게 계명을 지키라고 다그친 것은 제 속이 혼란하여 거기서 도망치고 싶었기 때문입니다.

   진리는 항상 우리를 기다리고 있습니다. 설교자로서 우리는 하느님의 계명을 전해야 합니다. 그러나 계명을 가르치되 스스로 지키는 사람만이 큰사람이라 불릴 것이라는 예수님 말씀을 명심하십시오. 스스로 계명을 지키려 노력하는 이는 남에게도 그리할 것을 겸손되이 청합니다. 결코 제 인간적 약점을 뛰어넘는 완벽주의에 도취되어 무섭게 윽박지르지 않습니다.

내가 처음부터 말했지,
기부금은 우물 파는 데만 써야 한다고!

『안티레티코스』 7,30
우리에게 온갖 의로운 일을 하게 하면서도 정신을 모호하게 만드는 헛된 영광의 생각에 맞서:

너희는 사람들에게 보이려고 그들 앞에서 의로운 일을 하지 않도록 조심하여라. 그러지 않으면 하늘에 계신 너희 아버지에게서 상을 받지 못한다.
마태 6,1

---

* Michael Kohlhaas. 독일 작가 하인리히 폰 클라이스트(1777~1811)의 소설 『미하엘 콜하스』의 주인공이다. 소설의 배경은 16세기, 주인공의 직업은 말 장수다. 그는 '세상이 멸망해도 정의는 실현되어야 한다'는 신념에 따라, 자신이 부당한 일을 당했을 때 격분을 참지 못하고 스스로 정의를 실현하기 위해 나선 사람이다. 당시 쾰른에 살았던 한스 콜하스라는 실존 인물을 모델로 삼았다고 한다. 철학자 에른스트 블로흐는 미하엘 콜하스를 '엄격한 시민 윤리로 무장한 돈키호테'라고 불렀다.

고대 로마인들은 "Fiat justitia – pereat mundus"라 했습니다. 세상이 멸망해도 정의는 실현되어야 한다, 대강 이런 뜻이긴 한데, 그런 정의는 불의로 변질되기 쉽습니다. 마하엘 콜하스*는 완벽한 정의를 실현하려 했지만 결국 엄청난 불의를 저지르고 말지요.

가치는 우리 삶을 값지게 만듭니다. 정의도 그렇습니다. 우리를 의롭게 합니다. 이상적 가치를 삶 속에서 실현하려 하다 보면, 우리 자신의 어두운 면을 건너뛰는 위험에 빠지게 됩니다. 우리는 자신이 의롭다 여기지만, 실제로는 남에게 의로운 것이 아니라 우리 자신의 독선에 의로울 따름입니다. 완벽한 정의를 위한 투쟁은 우리 눈을 멀게 하여 마음속의 불의한 부분을 보지 못하게 합니다. 눈먼 우리는 마음속의 참되고 고요한 내적 정의를 가르쳐 주시는 예수님의 말씀에 눈뜨고 싶습니다.

단식에 목맨 사람들에게

『안티레티코스』 7,32

탐식에서 해방되어 자유로워진 정신이 헛된 영광에 사로잡혀 다시 슬픈 모습으로 우리의 단식을 과시하려는 생각에 맞서 — 불순한 악령들은 불시에 덮쳐 정신이 고양되지 못하게 하고 눈을 들어 주님을 향하지 못하게 하려고 이런 짓을 한다:

너희는 단식할 때에 위선자들처럼 침통한 표정을 짓지 마라. 그들은 단식한다는 것을 사람들에게 드러내 보이려고 얼굴을 찌푸린다. 내가 진실로 너희에게 말한다. 그들은 자기들이 받을 상을 이미 받았다.

마태 6,16

재미있는 수도승 이야기 하나 해 드릴까요? 한 수도승이 원로를 만나러 갔습니다. 그는 위대한 단식가였습니다. 원로는 자기가 식사를 마칠 때까지 독방 바깥에서 기도하며 기다리라 일렀지요. 그때 단식가에게 악령이 붙었습니다. 배가 고파 죽을 것 같아서 원로의 독방으로 뛰어들며 말했습니다. "제 고향에서라면 일주일도 너끈히 굶을 수 있는데, 여기서는 배가 고파 미치겠습니다." 원로가 맞받아쳤습니다. "고향에서 너는 사람들의 존경을 먹고 살지 않았느냐. 돌아가라, 가서 평범하게 살아라."

고행은 남보다 뛰어나려는 업적 경쟁으로 변질될 우려가 있습니다. 이때 고행의 목적은 헛된 영광으로 둔갑합니다. 우리는 에고$_{ego}$를 내려놓지 못합니다. 에고는 더욱 강화됩니다. 고행이 업적 경쟁이라는 생각이 들 때마다, 참된 단식은 사람들에게 드러내 보이는 것이 아니라는 예수님의 말씀을 붙잡으십시오. 단식은 하느님께 자신을 활짝 열어 보이는 수단일 뿐이니까요.

나는 적어도 하루 열한 시간은 일하지.
제대로 일하려면 그래야 하거든.

『안티레티코스』 7,38
선행을 과시하고 싶은 헛된 영광의 생각에 맞서:

자랑하려는 자는 주님 안에서 자랑해야 합니다. 인정을 받는 사람은 스스로 자신을 내세우는 자가 아니라 주님께서 내세워 주시는 사람입니다.
2코린 10,17-18

의무를 다하고 주어진 과업을 훌륭히 수행하는 것은 좋습니다. 그러나 노동이란 타인에 대한 봉사입니다. 우리가 주인공이 되려고 일하거나, 얼마나 많은 일을 해서 얼마나 대단한 것을 성취하는지 과시하려고 일한다면, 그것은 노동의 의미를 왜곡하는 처사입니다. 그때 노동은 타인에 대한 봉사가 아니라 우리의 에고에 대한 봉사에 지나지 않으니까요. 수도승들이 영적 수행이라 생각한 노동은 그런 것이 아닙니다. 그런 건 하느님을 위한 것도 인간을 위한 것도 아닌, 다만 자기의 영광만을 위한 노동일 뿐이지요.

"자랑하려는 자는 주님 안에서 자랑해야 합니다." 바오로 사도의 이 말씀을 가슴에 새기면, 노동에서 성취만 집요하게 추구하는 마음은 서서히 사라지게 됩니다.

그러니까, 저번 주말피정에서 나는 영적으로 엄청나게 성장했단 말이지!

『안티레티코스』 7,41
영혼의 구원이나 진리의 인식에 이르기도 전에 가르치기부터 하라고 권유하는 헛된 영광의 생각에 맞서:

나의 형제 여러분, 많은 사람이 교사가 되려고 하지는 마십시오. 여러분도 알다시피, 우리는 엄한 심판을 받을 것입니다. 우리는 모두 많은 실수를 저지릅니다. 누가 말을 하면서 실수를 저지르지 않으면, 그는 자기의 온몸을 다스릴 수 있는 완전한 사람입니다.
야고 3,1-2

요즘, 신심서적이 풍년입니다. 저자마다 '현자賢者의 돌'이라도 찾은 듯합니다. 자칭 성공한 인생의 본보기들이지요. 그런데 개인적으로 만나 보면 뭔가 찜찜한 기운이 느껴집니다. 예수님의 지혜로운 가르침에 침잠하기보다는 그저 남을 훈계하려 드는 게 아닌가 싶을 때도 있습니다. 열성 종교인들은 어떻게 살아야 하는지 설교하는 일에 지치지도 않습니다. 예수님이 만사를 다 해결해 주신다고도 하더군요. 깊이 들여다보면, 그들은 자신의 가르침을 통해 다만 자기 문제에서 도망치려 하고 있음을 알게 됩니다. 제 인생의 문제도 제대로 다룰 능력이 없는 사람들이기 때문입니다.

자칭 '영적 멘토'들과 열성 종교인들에 대해 에바그리우스는 야고보 사도의 냉철한 말씀으로 맞섭니다. 이 말씀은 사람의 혀와 지루한 훈계가 얼마나 위험한 것인지 우리에게 상기시켜 줍니다.

"교만은
공허한 마음의
방어막이다."

카를 루드비히 폰 크네벨

●

교만

극단적 금연자로 돌변한
과거의 흡연자들에게

『안티레티코스』 8, 2
마치 나를 나무랄 데 없고 더는 불순한 생각을 하지 않는 사람처럼 찬양하고 추어올리는 교만의 악령에 맞서:

아브라함이 다시 말씀드렸다. "저는 비록 먼지와 재에 지나지 않는 몸이지만, 주님께 감히 아룁니다."
창세 18, 27

악습을 끊어 낸 사람들은 마치 새로 태어난 것처럼 말합니다. 골초는 담배를, 술꾼은 술을 영영 끊었다고 믿습니다. 잠꾸러기는 새벽형 인간으로 돌변합니다. 그런데 이런 '전향자'들일수록 '아직 그러고 사는 사람'들과 기를 쓰고 싸웁니다. 이런 공격성은 그들이 지금도 악습에서 진정으로 자유롭지는 못하다는 증거입니다. 열심히 싸웠지만 악습은 아직 저들 마음속에 있습니다. 그래서 툭하면 터져 나옵니다. 욕망은 이곳에서 저곳으로 옮겨 다닙니다. 하나의 악습을 이겨 내면 새롭게 다가오는 악습에 둔감해지지요. 환골탈태換骨奪胎하기가 이리도 어렵습니다. 그래도 우리에게도 악습 몇 가지 고칠 능력은 있고, 더구나 주님을 만나면 많은 것이 변합니다.

우리는 아브라함처럼 이렇게 고백해야 합니다: 이제야 주님께 아뢰기 시작합니다. 저는 초보자입니다. 저는 먼지와 재에 지나지 않습니다. 제가 악습과 유혹보다 우월할 수는 없습니다. 그것들은 언제든 저를 괴롭힐 것입니다.

선배 수도승들은 스트레스 모르고 살았다지?

『안티레티코스』 8,8
거룩한 사부들이 삶의 방식에서 우리보다 더 큰 고통을 겪지 않았다고 해서 그들을 경멸하도록 부추기는 생각에 맞서:

너희는 백발이 성성한 어른 앞에서 일어서고, 노인을 존경해야 한다. 너희는 하느님을 경외해야 한다. 나는 주님이다.
레위 19,32

전임 사장을 헐뜯는 후임 사장이 있습니다. 전임 교구장이 교구를 다 망쳐 놓았다고 생각하는 주교도 있습니다. 후임자가 전임자를 비방하면 자신의 품위도 떨어집니다. 어느 공동체나 매한가지인데, 식구끼리 조부모를 욕하는 것은 제 가문의 뿌리를 잘라 내는 것입니다. 선배 수도승들은 편하게 살지 않았냐고 그들을 무시하는 수도공동체는 오늘을 살아갈 힘을 잃습니다. 우리의 삶은 선배들의 삶에 뿌리내리고 있습니다. 우리가 뿌리를 더럽히면 이 뿌리에서 솟는 기운도 막히게 됩니다.

레위기의 경고에 귀 기울이십시오. "너희는 백발이 성성한 어른 앞에서 일어서고, 노인을 존경해야 한다." 노인을 존경한다는 것은 결국, 자신의 뿌리에 경의를 표한다는 뜻입니다.

접시닦이에서 백만장자까지 —
아메리칸드림을 좇는 이들에게

『안티레티코스』 8,25
하느님의 도움을 거부하고 승리를 자기 능력으로 돌리는 교만한 생각 때문에 주님께:

정녕 저는 제 화살을 믿지 않습니다. 제 칼이 저를 구원하지도 않습니다. 오직 당신께서 저희를 적들에게서 구하시고 저희를 미워하는 자들에게 망신을 주셨습니다.
시편 44,7-8

사람들은 제가 잘나고 똑똑해서 성공한 줄 압니다. 정말 열심히 노력해서 이룬 것이라 말합니다. 성공을 자만합니다. 남에게 우월감을 느낍니다. 남들과 비교할 때 드는 이런 생각, 우리에게 낯설지 않습니다.

이 생각에 에바그리우스는 시편 구절로 맞섭니다. "정녕 저는 제 화살을 믿지 않습니다. 제 칼이 저를 구원하지도 않습니다."

우리 능력은 성취의 궁극 이유가 아닙니다. 삶에서 뭔가를 이루었다면 그건 하느님의 축복입니다. 능력도 하느님께 받은 것입니다. 성취를 감사히 누려도 되는 경우는 오직, 하느님의 은총에 감사할 줄 알 때뿐입니다. 성공은 하느님의 선물일 뿐, 결코 자신의 공덕이 아님을 우리가 압니다. 감사를 잊지 않는 한, 우리가 이룬 것에 자부심을 가져도 좋습니다. 자신의 성취를 자랑하지 말고, 우리에게 좋은 몫을 선물하신 그분을 늘 찬미하십시오.

그가 내게 무슨 조언을 해 줄 수 있는데?
자신도 중년의 위기에 빠져
허우적거리는 주제에!

『안티레티코스』 8,33
형제들이 인식에 있어 나보다 못하다 하여 내가 그들을
방문하는 것을 꺼리도록 부추기는 생각에 맞서:

지혜로운 이들과 어울리는 이는 지혜로워지고 우둔한 자들
과 사귀는 자는 해를 입는다.
잠언 13,20

이 말씀은 형제들을 달리 보이게 하여 그들에 대한 내 판단이 오만불손했음을 폭로합니다. 같은 생각이라도 천사가 불러일으키느냐 악마가 불러일으키느냐에 따라 달라질 수 있다는 것이 여기서 분명해집니다.

아케디아의 악습에 젖었을 때 수도승은 형제를 방문하고 싶은 유혹과 싸워야 합니다. 이때 그가, 형제들에게는 그래도 배울 게 많잖아,라고 말한다면 그건 결코 따르지 말아야 할 핑계에 지나지 않습니다. 교만에 빠졌을 때는 형제들에게 가서 배우라고 에바그리우스는 권합니다. 집 안에 틀어박혀, 자기 문제는 스스로 해결할 수 있다고 고집하는 건 교만이라는 거지요. 그러니 각각의 생각들이 어디서 오는지 정확히 식별해야 합니다. 생각 자체는 선할 수도 악할 수도 있고, 천사가 불러일으킬 수도 악마가 불러일으킬 수도 있습니다. 생각이 어디서 왔는지는 마음이 평온한지 불안한지를 보면 압니다. 악마의 생각은 사람을 늘 불안하고 혼란스럽게 하지만, 천사의 생각은 마음을 고요와 기쁨과 평화로 충만케 합니다.

그러니까 당신의 진짜 문제는 질투라는 거지.
당신 아내는 너무 힘들어서
대화 상대가 필요했던 거야.
우린 그저 이야기를 나누었을 뿐이고.

『안티레티코스』 8,38
형제들의 죄를 보게 하는 교만한 생각에 맞서:

사람들이 말하는 온갖 이야기에 네 마음을 두지 마라. 그러지 않으면 네 종이 너를 저주하는 것을 듣게 되리라.
코헬 7,21

여기서는 착한 사람처럼 보이고 싶은 유혹에 대해 말합니다. 형제의 안녕을 염려합니다. 사람을 깊이 알면 그 사람의 잘못도 보입니다. 그의 가장 내밀한 동기도 알고, 그의 가장 심각한 문제도 발견하겠지요. 걱정하는 투로 말은 하지만, 자신도 모르는 진짜 이유는 염려도 아니고 형제에 대한 연대감도 아닙니다. 그게 진짜 이유라면 입 꼭 다물고 그의 잘못을 덮어 주거나 함께 지고 갔을 것입니다. 그러나 은근슬쩍 까발리고 싶은 마음에 발설해 버립니다. 까발려지는 것은 결국, 자신도 모르는 자기 내면의 어둠이라는 걸 깨닫지 못합니다. 그러니 인정할 수도 없습니다. 이 어둠을 자기 안에서 찾아내는 것보다 남에게 투사投射하는 것이 늘 더 쉽습니다. 그걸 부추기는 것이 교만입니다.

  에바그리우스가 이 유혹에 맞서 권하는 코헬렛의 말씀은 이러한 투사의 심리를 폭로합니다. 그런 이야기에 마음을 두면 종이 자신을 저주하는 것을 듣게 될 것이고, 언젠가는 남들도 나에 대해 똑같은 말을 하게 될 것이며, 내가 까발린 오점들이 내게로 되돌아와 남들이 오히려 나의 어둠을 더 잘 꿰뚫어 보게 될 것입니다.

새 빗자루가 너무 잘 쓸릴 때

『안티레티코스』 8,52
자신의 잘못은 정당화하면서, 형제들이 나약함 때문에 범한 잘못에 대해서는 관대하지 않으려는 교만한 생각에 맞서:

누구든지 자신을 높이는 이는 낮아지고 자신을 낮추는 이는 높아질 것이다.
루카 14,11

전임자를 무능하다고 욕하는 코치는, '새 빗자루'가 잠시는 잘 쓸릴지 몰라도 얼마 안 가 전임자의 '빗자루'만큼이나 뭉툭해진다는 것을 금방 알게 될 것입니다. 회사에서, 다른 직원들은 다 멍청해서 자기가 하면 모든 것이 더 잘 될 거라 여기는 사람은, 머지않아 동료들의 도움 없이는 어떤 값진 성과도 얻지 못한다는 것을 알게 될 것입니다. 나의 가치를 올리기 위해 남의 가치를 깎아내리는 사람은 동료들에게서 어떤 가치 있는 것도 얻어 낼 수 없습니다. 교만 때문에 금방 실패하게 될 것이며, 전임자보다 더 잘 나 보려는 모든 시도는 한계에 부딪칠 것입니다.

주어진 업무와 과제에 최선을 다해야 하고 하느님의 축복도 구해야겠지만, 절대 남 위에 서려고는 하지 마십시오. 해고당한 전임자의 운명이 곧 나에게도 닥칩니다. 그때는 모든 책임을 팀에 미룰지언정 자신한테서 찾을 생각은 털끝만큼도 안 하겠지요. 전임자를 평가하고 비방할 줄 모르는 코치는 같은 팀이라도 뭔가 다른 모습으로 운영합니다. 자신의 이름값에 집착하지 않고 선수 개개인과 소통하는 까닭입니다.

저 뚱보 좀 보게.
저런 인간들은 도무지 절제라는 걸 몰라!

『안티레티코스』 8,54
먹는 사람은 다 자기 영혼을 통제할 수 없는 자라고 판단하는 교만한 생각에 맞서:

먹지 않는 사람은 먹는 사람을 심판해서는 안 됩니다.
로마 14,3ㄴ

"우리 속에 없으면 분개할 일도 없다." 헤르만 헤세의 말입니다. 많이 먹는 사람을 보면 막 화가 나고 나보다 못나 보이지요. 이 사람이 얼마나 무절제한 사람인지 동네방네 말하고 다닌다면, 이는 결국 나 자신의 무절제함에 대해 떠벌리고 다니는 것과 진배없습니다. 먹는 건 자제할 수 있겠지요. 그러나 내 안에는 나도 어쩌지 못하는 다른 영역들이 있기 마련인데, 거기서는 욕구와 허영심과 명예욕이 나를 지배합니다.

베네딕도 성인은 금욕 수행에 성공한 것을 뽐내는 형제들이 자기 공동체 안에 있다는 것을 알았습니다. 그래서, "적게 필요한 사람은 하느님께 감사드리고 상심하지 말 것이다"(『규칙서』 34,3)라고 충고합니다. 남과 비교하지 말고 남보다 자신을 낫다 여기지 말라는 것이지요. 필요한 것이 적다면 하느님께 감사드릴 일입니다. 남이 많이 먹는다고 분개하고 째려보는 사람들에게 에바그리우스는 이렇게 조언합니다. "자기가 조금밖에 안 먹는다고 많이 먹는 사람을 심판하지 마십시오." 남을 평가하지도 판단하지도 심판하지도 말아야 합니다. 그래야 마음에 평화가 깃듭니다.

매일 아침 명상을 하고부터는
온전히 나의 중심에 이르렀네.
이제 세상사에는 무심할 뿐이네.

『안티레티코스』 8,55
기도의 힘으로 더는 탐식의 노예가 아닐뿐더러 분노도 극복했다고 자기를 칭송하는 교만한 생각에 맞서:

하느님의 은총으로 지금의 내가 되었습니다.
1코린 15,10

영성생활에 어느 정도 진척이 있다 싶자, 세속적 욕구에는 벌써 초연해진 듯합니다. 먹는 일에도 마음 쓸 일 없고, 울화도 분노도 저만치 사라져 갔다네요. 그걸 자랑하는 사람은 언젠가, 반드시, 탐식의 공격을 받게 됩니다. 그가 진짜로 분노를 이겨 냈는지는 누군가 그를 신랄하게 비판할 때 드러납니다. 뭔가를 이루었다고 절대 자랑하지 마십시오. 다 극복한 줄 알았던 것들이 금세 우리를 다시 덮칩니다. 먹는 일에 마음 쓸 일 없고 이 순간 분노도 느끼지 않는다면, 그저 감사한 마음으로 지켜볼 일입니다.

그러나 바오로 사도의 말처럼, 우리가 이룬 것은 모두 하느님 은총으로 이룬 것임을 알아야 합니다. 우리는 늘 이 은총에 의탁하고 있습니다. 하느님 은총에 의탁하지 않고 자신의 능력만 믿는다면, 모든 업적을 우리 덕으로 돌리기 무섭게 그것들은 허물어져 내릴 것입니다.

옮기고 나서

4세기 이집트의 수도승 에바그리우스에게 우리를 괴롭히는 나쁜 생각들은 다 악령의 농간이었다. 악령은 싸워 물리쳐야 할 대상이고, 싸움의 무기는 성경 말씀이었다. 성경은 악령 퇴치용 무기들이 보관된 무기고였다.

21세기 독일의 수도승 안셀름 그륀에게 에바그리우스의 악령들은 우리 영혼을 아프게 하는 바이러스 같은 것이다. 우리에게 필요한 건 아픈 영혼을 치유할 약이며, 성경은 위급할 때마다 찾아야 할 구급약 상자다.

옛사람의 말이 오늘날의 말로 옮겨지고 먼 나라 말이 우리말로 옮겨졌으나, 그 뜻은 변하지 않았기를 바란다. 같은 약이라도 사람마다 효험이 조금씩 다르듯, 이 책의 울림도 읽는 사람마다 다를 것이다.

더 많은 '용량'을 '복용'해야겠거든 에바그리우스의 『안티레티코스』를 곁들여 읽으시라.

2014년 늦여름, 옮긴이